Adolf Schmidt

Elsass und Lothringen

Nachweis wie diese Provinzen dem deutschen Reiche verloren gingen

Adolf Schmidt

Elsass und Lothringen
Nachweis wie diese Provinzen dem deutschen Reiche verloren gingen

ISBN/EAN: 9783743657502

Hergestellt in Europa, USA, Kanada, Australien, Japan

Cover: Foto ©ninafisch / pixelio.de

Weitere Bücher finden Sie auf **www.hansebooks.com**

Elsaß und Lothringen.

Nachweis

wie diese Provinzen dem deutschen Reiche

verloren gingen.

Von

Adolf Schmidt,

ord. Prof. an der Univ. Jena.

Dritte vermehrte Auflage.

Leipzig,

Verlag von Veit & Comp.

1870.

Vorwort zur dritten Auflage.

Auch in der gegenwärtigen Auflage hat die vorliegende Schrift in allen ihren Theilen kleine Zusätze und Verbesserungen erhalten, namentlich S. 4, 5, 13, 23, 38, 52, 53 u. s. w.

Der neu eingeschaltete Abschnitt VI ist wesentlich einem Cyklus von Vorträgen über die „Geschichte der französischen Politik gegen Deutschland" entnommen, die ich in den spannungsreichen Tagen vom 25. Juli bis zum 4. August d. J. an der Universität Jena vor einem größeren Publicum gehalten habe.

Es ist mir mehrfach, und auch in der journalistischen Presse, die Frage entgegen getreten: ob nicht schon im Jahre 1859, auf Anlaß des französischen Krieges gegen Oesterreich, unter gewissen Voraussetzungen, d. h. im Fall eines Zusammengehens von Oesterreich und Preußen, ähnliche Erfolge Frankreich gegenüber hätten errungen werden können, wie sie in dem gegenwärtigen Kriege errungen worden oder in Aussicht gestellt sind? Vor dem Forum der Geschichte müssen derartige hypothetische Fragen gewiß jederzeit als völlig müßig und unfruchtbar zurückgewiesen werden. Da aber im Betreff der Eventualitäten jenes Jahres, und in Verbindung mit jener Frage, noch immer durchaus irrige Ansichten zu Tage treten: so kann ich nicht umhin, auch hier, gleichwie in der dritten Auflage meiner Schrift über „Preußens deutsche Politik" S. 210 f., es

als ein unzweifelhaftes Factum zu bezeichnen, daß 1859 die Cooperation
Preußens einzig und allein an der Uebereilung und dem Hochmuth
Oesterreichs, sowie insbesondere an dem Widerstande scheiterte, der dem
bedingungsweise gestellten und — wie heute wohl Jedermann einsieht —
durchaus berechtigten, ja pflichtgemäßen Anspruch Preußens auf die ein-
heitliche Oberleitung des deutschen Heeres von Seiten Oesterreichs und
der Mittelstaaten entgegen gesetzt wurde, und der so weit ging, daß Ersteres
sogar vorzog, lieber den hastigen und illusorischen Frieden von Villafranca
abzuschließen, als auf die bundestägige Bekämpfung und Verhinderung
jenes Anspruchs zu verzichten.

Sehr häufig ist ferner die Meinung ausgesprochen worden, daß das
Jahr 1866 den gegenwärtigen Krieg unvermeidlich gemacht habe. Auch
dies ist irrig, in sofern man höchstens von einer Beschleunigung sprechen
kann. Denn wer nur einigermaßen die vierhundertjährige Geschichte der
traditionellen Politik Frankreichs kannte, der durfte wahrlich schon vor
der Katastrophe von 1866, sowie schon vor der Krise von 1859, nicht
den geringsten Zweifel darüber hegen, daß ein deutsch-französischer Krieg
nur eine Frage der Zeit sei. Aber allerdings herrschte über die Politik
Frankreichs, noch bis auf die jüngste Zeit herab, zum Schaden aller
Nachbarvölker desselben, vielfach eine so große Unklarheit, daß man sich
weder ihres Wesens, noch der Summe ihrer Ziele, noch endlich ihrer
geheimen und intriganten Mittel bewußt war. Eben diese Unklarheiten
der Tagesmeinung hatten mich veranlaßt, schon in der zweiten Auflage
dem Abschnitt I einige Worte über Wesen, Ziel und Mittel der französischen Politik voranzuschicken (S. 4 f.). Ich füge hier nur noch hinzu, daß
selbst Henry Martin zugesteht, daß die Keime und Ideen, aus denen die
officielle Politik der Rheingrenze oder der natürlichen Grenze hervorging,
noch über das Jahr 1444 hinaus zurückdatiren.

    26. September 1870.

                                                        A. S.

Vorwort zur zweiten Auflage.

Die nachfolgende Schrift erschien zum erstenmal im Jahre 1859.
Der politisch denkende Theil des deutschen Volkes hat den Verlust
von Elsaß und Lothringen zu keiner Zeit verschmerzt oder gar vergessen.
Für die früheren Jahrhunderte legt schon der Inhalt unserer Schrift ein
Zeugniß dafür ab. Und auch in diesem Jahrhundert hat jeder geeignete
Anlaß, und zumal jede französische Bedrohung der uns noch verbliebenen
linksrheinischen Provinzen, die Erinnerung an die früheren Beraubungen
und das Verlangen nach der Wiedererwerbung des Geraubten in Deutsch=
land wach gerufen. So geschah es zur Zeit der Freiheitskriege 1814
und 1815, wo dies gerechte Verlangen nicht nur durch den Einspruch
Englands und Rußlands, sondern mehr noch durch den plötzlichen Ab=
fall Oesterreichs von Preußen und den deutschen Interessen vereitelt
wurde. So geschah es ferner zur Zeit des Thiers'schen Waffenlärmes,
1840, als die ägyptische Throncandidatur, gleichwie 1733 die pol=
nische, und in unseren Tagen die spanische, den Vorwand abgeben
sollte für unsere Beraubung am Rhein. So geschah es auch im Jahre
1859, als Frankreich Oesterreich bekriegte, Savoyen und Nizza ver=
schlang, und Deutschland durch die „Karte auf das Jahr 1860" mit neuem
Länderraub bedrohte. So geschieht es endlich heute, und begreiflicher=
weise lauter und allgemeiner denn je.

Vor der Logik der Vernunft und der Geschichte versteht es sich ganz von selbst, daß ein durch Frankreichs Gelüste auf die deutschen Rhein= provinzen heraufbeschworener Krieg nicht nur der deutschen Nation, dem deutschen Heere und der deutschen Diplomatie das Recht giebt, sondern sogar die unverbrüchliche Pflicht auferlegt, ihrerseits Elsaß und Lothrin= gen als Gegeneinsatz zu betrachten, und im Siegesfalle als ein Mini= mum von Sicherheits= und Friedensbürgschaften zurückzufordern.

8. September 1870.

A. S.

Inhalt.

Einleitung der ersten Ausgabe vom Jahre 1859.*)

Was wir wollen? Nichts mehr und nichts weniger, als an die Gefahren und die Folgen deutscher Zerrissenheit erinnern.

Denn fern sei es von uns, der deutschen Nation etwa dieselbe grund=sätzliche Politik gegen Frankreich zu empfehlen, die Frankreichs Beherrscher seit Jahrhunderten gegen Deutschland geübt.

Deutschland ist friedfertig; es schätzt nichts höher als einen ehren=haften und dauernden Frieden! Es liegt ihm nicht an einem Haber über Sein und Haben; es verdammt die Kämpfe des Ehrgeizes und der Selbst=sucht, deren Wirkungen sich ebenso leicht wie ihre Anlässe da und dort zu Illusionen gestalten können.

Deutschland ist kosmopolitisch; es sympathisirt mit allen Nationen, und leider vielleicht eben deshalb am wenigsten mit sich selbst. Es haßt daher auch weder Frankreich noch das französische Volk; es beneidet ihm nicht, was es ist und hat; es gönnt ihm alles Gute, was es nur immer seinen besten Freunden wünschen mag: Freiheit, Wohlstand, Macht.

Alles freilich hat seine Schranke. Ginge der Napoleonismus in Wirklichkeit darauf aus, Deutschland in den Rheinlanden zu berauben; trachtete er aus Ehrgeiz oder Selbstsucht ernstlich darnach, an die Stelle der vertragsmäßigen Grenzen zwischen Deutschland und Frankreich sogenannte „natürliche", d. h. willkürliche zu setzen: dann aller=dings würde man sich nicht wundern dürfen, wenn die deutschen Völker auch ihrerseits ernstlich die Frage der „natürlichen Grenzen" zu studiren beginnen, oder wenn sie auf Grund ihrer historischen Studien mit bitterer Vorliebe dessen eingedenk bleiben: daß viele Jahrhunderte hindurch nicht sowohl Flüsse, sondern Gebirge die natürliche Scheidelinie bildeten, und

---

*) Wir geben diese Einleitung durchaus unverändert.

1

die Champagne das französische Grenzland war gegen das deutsche Reich;
daß die lothringische Jungfrau von Orleans nach ihrem eigenen Ausdruck
erst „nach Frankreich gehen" mußte, um Frankreich zu retten; daß
nur durch die schnödesten Intriguen und Gewaltthaten die westlichen Pro=
vinzen Deutschlands, wie Lothringen und Elsaß, im Verlauf der neueren
Zeit vom deutschen Reichs= und Sprachkörper abgebröckelt und geraubt
wurden; und daß endlich noch heute die 641 Kilom. lange Eisenbahn von
Basel über Straßburg, Nanzig (Nancy) und Tull (Toul) nach Paris zur
größern Hälfte auf uraltem deutschen Boden, durch deutsches Sprachgebiet
und, trotz aller französischen Verstümmelungen, fort und fort über deutsch=
namige Städte und Ortschaften läuft. Haben die vermessenen und heraus=
fordernden Verfertiger der fictiven Karte auf das Jahr 1860 wohl je
eine Karte des wirklichen Frankreichs auf das Jahr 1551 oder 1647
gesehen? oder eine Karte von 1680, von 1734, oder endlich auch nur von
1765? Wir bezweifeln es; sie würden, bei gründlicherem Studium der
Frage, bescheidener oder schweigsam geblieben sein.

Wir wiederholen: es gelüstet Deutschland nicht, französische Ver=
größerungspolitik zu treiben und — sei es aus Ehrgeiz oder Habsucht —
die Verträge zu vernichten, die unsere schmerzlichsten Verluste völkerrecht=
lich besiegelten. Aber Angesichts der napoleonischen Friedensstörungen,
die ganz Europa bedrohen, ziemt es sich doppelt für Deutschland — gleich=
wie im Jahre 1840 — sich der Beeinträchtigungen seiner Größe und seiner
Integrität zu erinnern.

Die Geschichte jener Verluste, an denen alle Parteien in Deutsch=
land, die Protestanten und die Katholiken, die Reichsfürsten und die
Kaiser gleiche Schuld trugen, so daß keine berechtigt ist, sie der andern
vorzugsweise zur Last zu legen, hat sich in vier Hauptacten vollzogen.
Zuerst, im Jahre 1552, gingen uns die drei Bisthümer Metz, Tull und
Verdun durch Betrug verloren; zweitens, im Jahre 1648, die Land=
grafschaften des Elsasses durch diplomatischen Schacher; drittens, die
freien Reichsstädte am Rhein und besonders Straßburg, 1681, durch
Raub mitten im Frieden; und viertens, im Jahre 1735, das Herzog=
thum Lothringen durch einen Tausch (gegen Toscana), bei dem nur
Oesterreich zugleich verlor und gewann, Frankreich aber nur gewann ohne
etwas zu verlieren, und Deutschland umgekehrt nur verlor ohne etwas zu
gewinnen.

Indem wir die Reihe jener Ereignisse dem Leser im Zusammenhange
vorführen wollen, kommt es uns nicht auf neue Forschungen, sondern —

im Anschluß an die schon vorhandenen — lediglich auf eine kurze und übersichtliche Zusammenstellung meist nur vereinzelt geschilderter Thatsachen an. Ihre Totalität ist gleichsam ein warnendes Denkmal französischer Politik, dessen Inschrift Deutschland gründlich belehrt: wie es durch Mangel an Einheit jederzeit zu kurz kam.

Wir wenden uns dem ersten jener Hauptacte zu, der das Fundament und die Quelle aller späteren Einbußen, oder gleichsam die Exposition zu den übrigen Acten des Drama's war.

I.

Der Verluſt der Bisthümer Metz, Tull und Verdun (1552).*)

～～～～

Viele Jahrhunderte hindurch bildeten die Höhenzüge des Argonner=
waldes und der Vogeſen die Grenze zwiſchen Frankreich und Deutſchland;
während zugleich im Nordoſten die niederländiſchen, im Südoſten die
ſavoyiſchen Gebiete, tief in das heutige Frankreich hineinragten. Ganz
Lothringen und Elſaß waren deutſch. An keinem einzigen Punkte berührte
Frankreich den Rhein.

Da ſprachen im Jahre 1444, zum erſten Mal officiell, die Manifeſte
Karls VII. und des Dauphin, des nachherigen Königs Ludwig XI., die lecke
Lüge aus: „alles Land bis zum Rhein gehöre zu Frankreich.“**) Dieſe Lüge
wurde zur traditionellen Politik. Alle franzöſiſchen Regierungen, ohne
Unterſchied, haben ihr ſeitdem bis auf die Gegenwart gehuldigt. Mit jedem
Jahrhundert wurde ſie durch neue lügneriſche Zuthaten mehr und mehr
zu der verhängnißvollen Theorie der „Rheingrenze“ oder der „natürlichen
Grenze“ entwickelt.

Dieſe Theorie in ihrer vollen Ausbildung ging und geht dahin:
„Alles Land am linken Ufer des Rheins, von ſeiner Mündung bis
zu ſeiner Quelle, und von dort über den Kamm der Alpen und bis zu
den letzten Ausläufern der Meeralpen, da wo dieſe in die Apenninen
übergehen, ſei keltiſches Land, von franzöſiſch redenden Kelten be=
wohnt (denen nur hier und da im Laufe der Zeit eine fremde Sprache
aufgedrungen worden), und müſſe daher mit dem keltiſchen Mutterlande,
d. h. mit Frankreich wieder vereinigt werden; nur dann erſt beſitze
dieſes ſeine natürlichen Grenzen.“ Demnach „gehöre zu Frankreich“

---

*) S. die ſehr ausführliche Monographie über dieſes Thema von Scherer in
Raumer's hiſt. Taſchenb. 1842. S. 249—409.

**) Vgl. Henri Martin, Hist. de France, 4. éd. T. VI. p. 413 ss.

und müsse erobert werden: „das ganze Belgien, das Herzogthum Luxemburg, überhaupt alle niederländischen und alle deutschen Besitzungen auf dem linken Rheinufer; ferner die Schweiz, Savoyen und die Grafschaft Nizza."

Um für die Verwirklichung dieser Aufgaben womöglich das gesammte französische Volk zu gewinnen und zu begeistern, wurde kein Mittel gespart und namentlich, in eben dem Maße als die Bildung in Frankreich fort= schritt, jene unheilvolle Theorie in den Schulen zu einem förmlichen Unterrichtsgegenstande gemacht. Freilich war, bei der langen Ver= nachlässigung des Schulwesens, dieses Verfahren, die „große Nation" mit der großen Lüge zu erfüllen und jeden Einzelnen ihr dienstbar zu machen, ein nur allmäliges; aber es.schritt doch dergestalt vor, daß im 19. Jahr= hundert die unverschämte Lehre unter allen Regierungen in allen Unter= richtsanstalten, in den niederen wie in den höheren, in den Töchter= wie in den Knabenschulen, mündlich und gedruckt vorgetragen ward und wird. *)

Inzwischen legte die französische Politik Hand ans Werk. Es galt, nach allen Richtungen Schritt vor Schritt gegen den Rhein und die Alpen vorzubringen. Deutschland gegenüber bestand der erste Schritt in dem Andrängen gegen die lothringischen Bisthümer. Die kirchlichen Spaltungen in Deutschland sollten die Handhabe zu ihrer Erwerbung bilden.

Man irrt aber sehr, wenn man wähnt, die Reformation an sich habe das Unheil der Spaltungen seit dem 16. Jahrhundert über die deutsche Nation gebracht; vielmehr oder in nächster Linie war es die Reaction des Ultramontanismus, die damals und später das beinahe schon völlig auf dem Boden der protestantischen Geistesfreiheit geeinigte oder dieser Einigung mächtig zustrebende Deutschland aus seinen natürlichen Entwicklungs= bahnen herausdrängte und zur Ehre Gottes immer wieder in Fetzen riß.

*) Nur beispielsweise verweisen wir auf das officielle Lehrbuch von Dussieux, Géographie hist. de la France, Paris 1843 (also aus der Zeit Ludwig Philipps!), das gleich im §. 1 also anhebt: „Frankreich besitzt nicht seine natürlichen Grenzen, es umfaßt nicht die ganze französische Region. Die Regionen unterscheiden sich durch die Racen und durch die Sprachen. Die französische Region umfaßt in der That auch die Graf= schaft Nizza, Savoyen, die Schweiz, Rheinbayern, Rheinpreußen, das Herzogthum Luxem= burg und Belgien . . . Die natürlichen Grenzen sind der Rhein, von seiner Mün= dung bis zu seiner Quelle; die Alpen, von der Rheinquelle auf dem St. Gotthard bis zum Col de Cadibone u. s. w." Laut erhaltener Privatauskunft vom Juli d. J. (1870), wurden die gleichen „unglaublichen" Lehren selbst in den Lehrbüchern für Töchter= schulen des Elsaß vorgetragen.

Dieſe Reaction war es denn auch, die um die Mitte des 16. Jahr=
hunderts den deutſchen Proteſtantismus in die Arme des „allerchriſtlichſten"
Königs von Frankreich trieb; wodurch dieſer den erſten erwünſchten Vor=
wand gewann, um — unter der Firma der „Errettung" und „Befreiung"
Deutſchlands von der „Tyrannei" des Kaiſers — dem deutſchen Reiche
die herrlichen Bisthümer Meß, Tull (Toul) und Birten (Ver=
dun) zu rauben.

Dieſe drei Bisthümer, obwohl im Herzogthum Lothringen gelegen,
nahmen doch eine bevorzugte Sonderſtellung ein. Ihre Biſchöfe waren
unmittelbare „Reichsfürſten", erhielten vom Kaiſer die Inveſtitur und
gehörten zur Metropolitankirche von Trier. Die drei Städte waren
„freie deutſche Reichsſtädte", die allein die Oberhoheit des Kaiſers, und in
Rechtsſachen die Competenz der kaiſerlichen Kammer zu Speier aner=
kannten. Tull hieß im Lande die „Heilige", Birten die „Edle", und Meß
die „Reiche". Hier, in Meß, reſidirten die deutſchen Kaiſer gern und
häufig; hier tagte auch namentlich der deutſche Reichstag vom Jahre 1356,
auf dem das berühmte Reichsgrundgeſetz Deutſchlands, die goldene
Bulle, zu Stande kam. Die Bürgerſchaft, deutſch in Sprache, Sitte und
Denkweiſe, hielt jederzeit treu zur deutſchen Nation. Aber, bei der Zer=
riſſenheit und der dadurch bedingten Ohnmacht Deutſchlands, unterlag ſie
ſchließlich, wie die der beiden deutſchen Schweſterſtädte, der Hinterliſt
und Bergewaltigung Frankreichs.

Und wie kam es zu dem Raube dieſer Territorien?

Kaiſer Karl V., anfangs lau und lavirend zwiſchen den päpſtlichen
und den proteſtantiſchen Forderungen, hatte ſich endlich an die Spitze der
Reaction geſtellt und im Schmalkaldiſchen Kriege dem deutſchen Proteſtan=
tismus einen gefährlichen Schlag verſetzt; die beiden fürſtlichen Häupter
deſſelben hatte er, den einen durch Gewalt, den andern durch Liſt, in Ge=
fangenſchaft gebracht. Allein in dem neugeſchaffenen Kurfürſten von
Sachſen, dem ehemaligen Herzog Moritz, fand er unerwartet einen eben=
bürtigen Gegner, der entſchloſſen war, Genugthuung zu fordern und min=
beſtens die Parität der beiden Religionsbekenntniſſe zu erkämpfen.

Es war aber in der That nach unſeren heutigen Begriffen von natio=
naler Moral die Art und Weiſe ein Verrath zu nennen, wie Moritz, um
die Chancen des Sieges zu verſtärken, die dargebotene Hülfe der franzöſi=
ſchen Politik in Anſpruch nahm, — einer Politik, die nie ſich ein Gewiſſen
daraus machte, im Auslande das zu unterſtützen, was ſie im Inlande
niederzutreten für gut fand. In Frankreich wurde die proteſtantiſche

Freiheit zu Tode gehetzt; aber Deutschland gegenüber nahm man aus selbstsüchtiger Berechnung die Miene an, als ob man für diese Freiheit schwärmerische Sympathien hege und zu den uneigennützigsten Opfern für sie bereit sei.

So kam denn am 5. October 1551 zwischen Heinrich II. von Frank=reich und Moritz von Sachsen im Namen der protestantischen Häupter jene unglückselige Defensiv= und Offensiv=Allianz zu Stande, die der deut=schen Nation nichts einbrachte als Schmach, und den freilich ungeahnten dauernden Verlust deutscher Reichslande. Denn natürlich ging die französische Diplomatie, in deren Köpfen die Idee der „natürlichen Grenzen" nun schon seit einem Jahrhundert Raum gewonnen hatte, von vornherein darauf aus, die deutsche zu düpiren. Man mußte doch billigerweise gewisse „Unterpfänder" in Anspruch nehmen dürfen, oder sichernde „Waffenplätze" oder „Stützpunkte" für die strategischen Opera=tionen, oder wie man es sonst nennen mochte! Es klang gar nicht so ge=fährlich, wenn sich der französische Alliirte ausbedung — natürlich tem=porär, nur „als Vicarius des heiligen Reichs" — Städte wie Metz, Tull und Verdun besetzen zu dürfen! Wurden doch ausdrücklich dieselben als „von Alters her zum deutschen Reich gehörig" im Tractate aner=kannt, und ausdrücklich „dem Reiche alle Rechte darauf vorbe=halten."

Nachdem man diese zweideutigen Stipulationen erschlichen, zögerte Frankreichs Beherrscher nicht, der Welt zu verkünden: Deutschlands Schmerzensschrei habe ihn erreicht und gerührt: er eile, es von der „Knecht=schaft" zu erretten, ihm die lautere „Freiheit" zu bringen, es einiger und deutscher zu machen.

Von Fontainebleau aus erging ein Manifest an die deutsche Nation in deutscher Sprache. Schon das Titelblatt quoll von Verheißungen über; die Vignette stellte das Symbol der Befreiung, einen Hut zwischen zwei Dolchen dar; ein darunter flatterndes Band trug die Inschrift „Libertas"; und weiter unten bezeichnete sich der König von Frankreich in lateinischen Worten ohne Weiteres als „Retter der germanischen Frei=heit" (vindex libertatis germanicae).

In dem Manifest sagte der König: „Allerlei schwere Klagen vieler Fürsten und anderer trefflicher Leute deutscher Nation seien vor ihn ge=kommen"; dieselben würden „mit unerträglicher Tyrannei und Knechtschaft vom Kaiser unterdrückt, in ewige Dienstbarkeit und Verderben geführt"; daraus könne „nichts Gewisseres folgen, als daß dem Kaiser und dem

Hause Oesterreich, mit ewigem Verlust der deutschen Natio=
nalfreiheit, eine Alleinherrschaft aufgerichtet würde." Darüber
sei er nun um so mehr „höchst" betrübt, als „er mit den Deutschen gemein=
samen Ursprung habe, indem seine Vorfahren auch Deutsche gewesen."
Zwar sei „bisher keine solche Einmüthigkeit der Fürsten vorhanden ge=
wesen, aus welcher eine Vereinigung der deutschen Nation hätte
gehofft werden können"; jetzt aber sei die Zeit gekommen „zur Erret=
tung der deutschen Freiheit." Er, der König, habe „den deutschen
Fürsten und Ständen seine Hülfe nicht versagen wollen, sondern
mit ihnen aus göttlichem Eingeben einen Bund aufgerichtet und den
festen Entschluß gefaßt, alle seine Macht mit ihnen in Gemein=
schaft einzusetzen." Wohl hoffe er „wegen solcher großen Wohlthat
ewige Dankbarkeit, Verpflichtung und Gedächtniß zu erlangen"; aber „er
bezeuge vor Gott dem Allmächtigen, daß er aus diesem mühseligen und
schweren Vorhaben, trotz der großen Unkosten, Gefahren und Sorgen,
keinen andern Nutzen oder Gewinn suche und verhoffe, als daß er
die Freiheit der deutschen Nation zu fördern, die Fürsten aus der
erbärmlichen Dienstbarkeit zu befreien, und hierdurch einen unsterb=
lichen Namen — wie vordem in Griechenland dem Flaminius zu Theil
geworden — zu erlangen gedenke." Emphatisch betheuerte der Beherrscher
Frankreichs: „Niemand solle irgend eine Gewalt befürchten, da er ja
diesen Krieg blos deshalb unternommen, um einem Jeden seine ver=
lorenen Gerechtigkeiten, Ehren, Güter und Freiheiten wie=
der zu verschaffen."

Dieses hinterlistige und unverschämte Manifest ermangelte nicht, in
Deutschland vielfach einen peinlichen Eindruck hervorzurufen. Kaiser Karl
ließ sich auf eine „Widerlegung" ein. Melanchthon schrieb beklommen an
den Kurfürsten Moritz von Sachsen: „Die Erfahrung zeige, daß Frankreich
oftmals die deutschen Fürsten wider ihren ordentlichen Potentaten er=
regt, und sie hernach verlassen habe; er gedenke in seinem kurzen
Leben vieler Exempel, als: Pfalz, Würtemberg, Lübeck." Selbst die
sächsischen Stände warnten: „Auf Bündnisse mit fremden Potentaten
sei wenig Trost zu setzen, nachdem man erfahren, was für Glaube den
Ständen deutscher Nation gehalten worden"; würde am Ende auch
der Kaiser besiegt und „vertrieben": so „müßte man doch von den obsie=
genden Potentaten gewärtig sein, daß sie vielmehr allen Fleiß darauf
verwenden und alle ihre Macht dahin strecken würden, eine Alleinherr=
schaft aufzurichten und die deutsche Freiheit zu unterdrücken und das

Wort Gottes zu vertilgen, nachdem man wisse, daß die christliche Religion durch den König von Frankreich mehr als durch den Kaiser verfolgt werde." Allein es war zu spät! Der Krieg begann, d. h. der französische „Retter der deutschen Freiheit" fiel im März 1552 in das deutsche Herzogthum Lothringen ein und ließ sein „uneigennütziges Werk der Befreiung" alsbald in einer Kette schamloser „Gewaltthaten und Treulosigkeiten" zu Tage treten. Nur die Occupation der drei Bisthümer, die „einstweilige", war ihm zugestanden worden; allein Lothringen lag doch gar zu „bequem am Wege!" und war überdies so „unvermögend zum Widerstand!" und die Herzogin Regentin war ja eine „Verwandte des Feindes!" Also — gedacht, gethan! Die Herzogin wurde ohne Weiteres für „abgesetzt" erklärt, ihr minorenner Sohn nach Paris entführt, das Land unter französische Administration gestellt, die deutschen Beamten durch französische ersetzt, und die Hauptstadt Nanzig mit einer starken französischen Garnison belegt. Die „Protestation" der Herzogin blieb natürlich unbeachtet; die erste „große Wohlthat" war vollbracht, Lothringen „befreit".

Inzwischen hatten auch schon zwei der Bisthümer, Verdun und Tull, der Uebermacht sich unterwerfen und französische Besatzungen aufnehmen müssen. Die Stadt Metz dagegen, vertrauend auf ihre Befestigungen, machte Miene, der 35,000 Mann starken französischen Armee entschlossenen Widerstand zu leisten. Aber durch einen Complex von Intriguen, Bestechungen und Betrügereien mußte die französische Politik, die vor den möglichen Folgen eines Kampfes zurückscheute, diese Entschlossenheit allmälig zu unterminiren. Ein hoher Würdenträger der Kirche, ein Cardinal, der Bischof Robert von Metz selbst, der ohne Zweifel unter Frankreichs Fittigen die ultramontanen Interessen und seine eigenen besser geborgen glaubte als unter denen des deutschen Reiches, gab der deutschen Nation das efle Schauspiel, daß er sein deutsches Bisthum um schnöden Lohn dem Erbfeinde seines Vaterlandes verrieth und verkaufte — ein Beispiel, das nachmals der Bischof von Straßburg, um das protestantische Münster und die protestantische Bevölkerung Straßburgs wieder katholisch zu machen, nachzuahmen kein Bedenken trug.

Bischof Robert, ein „unterwürfiger Knecht Frankreichs", gewann zwei angesehene Patricier in Metz, Robert und Caspar von Heu, für seine Pläne; und nun wurde eine verderbliche Spaltung in der Stadt heraufbeschworen, indem eine „kleine aber einflußreiche Partei" sich für Frankreich erklärte und alles daran setzte, um durch halbe Maßregeln und durch diplomatische Unterhandlungen den Widerstandsmuth der Bürgerschaft, der großen Mehrheit, zu schwächen und zu brechen. Die französischen Agenten gaben vor: Frankreich begehre nichts weiter als freien „Durch= zug durch die Stadt." Die Stadt erklärte sich zunächst nur bereit: diesen Durchzug „der Person des Königs mit einigen aus seinem Gefolge" zu gestatten. Allein der französische Oberbefehlshaber, der Connetable von Montmorency, bestand darauf: „die Armee durch die Stadt zu führen", nicht um sie daselbst „einzuquartieren", sondern nur in der Absicht „sie auf einer Wiese jenseits der Stadt ein Lager beziehen zu lassen." Die Majorität der Bürgerschaft widersetzte sich beharrlich dieser Zumuthung und forderte kräftigere Vertheidigungsanstalten. Allein in geheimen Un= terhandlungen gestand die kleine verrätherische Partei dem Connetable den Eintritt in die Stadt für seine Person zu, nachdem er gelobt: „nur von einem Fähnlein der Garde und den Cavalieren seines Stabes sich begleiten zu lassen." Auf diese Bedingung wurde endlich, wiewohl mit Widerstreben, von Seiten der Stadt eingegangen, die keine Ahnung hatte, daß dergestalt ihre Jahrhunderte alte Freiheit ohne Schwertstreich der Fremdherrschaft anheimfallen werde.

Denn siehe da! der eben geschlossene Vertrag wurde sofort willkür= lich abgeändert, d. h. gebrochen; das eine Fähnlein schwoll betrüglicher Weise unterwegs zu fünfen an; und mit den 1500 Corcelets d'élite, die nun ganz gewiß das Maximum sein sollten, brachen unversehens im= mer größere Bruchtheile und schließlich die Gesammtheit des ganzen Heeres durch die sorglos geöffneten Thore wie in eine eroberte Stadt herein. Natürlich bezeigte der Connetable den ihn begleitenden städtischen Abgeordneten einen „erschrecklichen Unwillen über solchen Zudrang"; er that, als ob er sich demselben ernstlich widersetzen wolle; am Ende aber meinte er: „Meine Herren, Sie können diese Leute recht wohl mit uns eintreten lassen; ich werde dafür sorgen, daß sie sich augenblicklich wieder entfernen." Natürlich sorgte er für das Gegentheil; sobald man nur erst drin war, dachte man nicht mehr an den „Durchzug". Das Heer wurde in der Stadt „einquartiert"; der Connetable setzte sich zu ihrem unumschränkten Gebieter ein, und war vor Allem bedacht, vielmehr den mißliebigen Theil des Magistrats zu „entfernen", indem er sich todtkrank stellte, die feindseligen Magistratsmitglieder als Testaments= zeugen an sein Bett lockte, dann aufsprang und eigenhändig die Schöppen= ältesten durchbohrte, während seine Garden eben so eifrig die Uebrigen aus dem Wege räumten.

Was nun noch am Leben blieb, sammt den dictatorisch ernannten Ersatzmännern, war oder stellte sich willig ergeben. Als der König am 18. April in Metz einzog, verkündete ein Triumphbogen, der an der Stelle der beiden Kaisersäulen mit dem Reichsadler aufgerichtet worden, ihn als den „Protector" des heil. römischen Reiches; und auf die Bitte des Magistrates, die „Freiheiten und Privilegien der Stadt zu erhalten", erging die schnöde und zweideutige Antwort: „Ich werde euch wie die Meinigen behandeln." Damit war denn eine neue „große Wohlthat" vollbracht, die Stadt Metz nach der französischen Beglückungstheorie „befreit".

Einmal im erfolgreichen Raubzuge begriffen, gedachte Heinrich II. auch sogleich das Elsaß und das ganze linke Rheinufer mit der französischen Herrschaft zu beglücken. Durch Lothringen drang er im Mai bis Elsaßzabern vor, in der Absicht Straßburg ebenso wie Metz zu bethören und zu überrumpeln. Seine Gesandten und Agenten schilderten den Straßburgern mit beredter Zunge „die große Zuneigung, die der König gegen die deutsche Nation trüge", und wie er nur komme, „um die unterdrückte deutsche Freiheit zu retten." Der Connetable erklärte ihnen: „ihre Mitbürger müßten verblendet sein, wenn sie nicht zwischen den Wohlthaten des Königs und dem Unfug des Kaisers unterscheiden könnten." Der König selbst betheuerte ihnen wiederholt: nur „die Rettung der deutschen Freiheit" sei sein Ziel. Allein das Schicksal Lothringens und der Bisthümer hatte die Straßburger klüger gemacht; sie rüsteten sich zu ernstem Widerstande; und die Franzosen sahen sich endlich genöthigt, unverrichteter Dinge wieder abzuziehen, nachdem sie ihre Rosse im Rhein getränkt.

Gleichzeitig schlug auch der Versuch fehl, durch Separatverträge einen deutschen Rheinbund unter französischem Protectorat zu begründen. Die dazu aufgeforderten deutschen Fürsten — Ehre ihrem Andenken! — versammelten sich zu Worms, auf Betrieb des Kurfürsten von Mainz, um die schnöden Zumuthungen und die „gefährliche Einmischung Frankreichs" zurückzuweisen. Die Kurfürsten von Trier und Pfalz, die Herzoge von Jülich und Würtemberg erschienen persönlich; der Kurfürst von Köln und der Bischof von Würzburg sandten Bevollmächtigte. Auf die Anrede des Kurfürsten von Mainz, worin er hervorhob: Frankreich habe „offenbar keine andere Absicht, als jetzt im Trüben zu fischen", und auf Grund einmüthigen Beschlusses, ließen die Fürsten durch eine Gesandtschaft dem französischen Herrscher erklären: daß sie „gegen jeden widerrechtlichen Angriff" protestiren müßten; daß er „das Gebiet von Straß-

burg nicht länger beläſtigen", überhaupt „aufhören ſolle, Deutſchland zu
verwüſten;" und daß er ſie „mit dem vorgeſchlagenen Bündniß ver-
ſchonen möge, weil ihre Ehre und guter Name darauf beruhe, und weil
ſie auch nach der Treue, die ſie dem Reiche ſchuldig wären, auf daſſelbe
nicht eingehen könnten."

Selbſt Kurfürſt Moritz von Sachſen wandte ſich von dem gefährlichen
Bundesgenoſſen ab, der ſtatt auf Hülfeleiſtung, nur auf Raub ausging.
Er ſchloß am 2. Auguſt 1552 mit dem Kaiſer den Paſſauer Vertrag, der
dem Bürger- und Religionskriege in Deutſchland vorläufig ein Ende
machte.

Allein das Unheil war einmal geſchehen. Mitten in ſeinen „beſten
Eroberungsplänen" durch die Friedensnachrichten unangenehm überraſcht,
wußte ſich der „Retter der deutſchen Freiheit" meiſterhaft zu verſtellen;
er erklärte den Wormſer Geſandten: „Sein Endzweck ſei erreicht: durch
ſeine unermüdliche Anſtrengung und tapfere Hülfe ſei das bereits unterdrückte deutſche Reich wieder aufgerichtet worden. Jetzt gehe er mit ſeiner
Armee in ſein Reich zurück; die Fürſten hätten alſo zuvörderſt ſelbſt
darauf zu ſehen, daß die durch ihn wiedererlangte Freiheit nicht noch
einmal ſchändlich verloren gehe. Indeſſen würde er weder Mühe noch
Koſten, noch Gefahr ſcheuen, wenn man etwa künftig in Deutſchland
ſeine Hülfe wieder nöthig haben ſollte." Welche unerhörte Un-
eigennützigkeit! Wie wenig man jedoch ihr traute und trauen durfte, das
offenbarte ſchon die diplomatiſche Epiſode mit der Schweiz. Die Eidgenoſ-
ſen, erſchreckt durch den franzöſiſchen Schutz der deutſchen Freiheit,
erklärten in Zweibrücken dem Könige „für ihre eigene ſelbſt ſorgen zu
wollen", und erhielten die Antwort: er werde „gute Nachbarſchaft" halten, da er „jetzt Lothringen im Beſitz habe und ihr Nachbar ſei."
Dahin kam es nun zwar für diesmal noch nicht. Wie das Elſaß, ſo mußte
am Ende auch das eigentliche Herzogthum Lothringen aus ſtrategiſchen
Rückſichten geräumt werden. Aber auf dem Rückzuge wurde doch noch —
eine weitere „Wohlthat!" — das Herzogthum Luxemburg beiläufig „mit
Feuer und Schwert verwüſtet." Und an eine Wiederherausgabe der drei
Bisthümer Metz, Tull und Verdun war nicht zu denken; ſie wurden mit völliger Mißachtung des Octobervertrages ohne Weiteres dem
franzöſiſchen Staatskörper einverleibt.

So ging — es war das erſte und kleinſte, aber folgenſchwerſte Opfer
dieſer Art — dem deutſchen Reiche eine Strecke deutſchen Landes von
50 Quadratmeilen und eine zur größern Hälfte deutſche Bevölkerung

von 300,000 Seelen durch offenbaren Raub und Betrug verloren. Vergeblich war der Wiedereroberungsverſuch Karls V.; vergeblich belagerte er Metz vom October 1552 bis zum Januar des folgenden Jahres; und trotz aller rhetoriſchen Proteſte Deutſchlands blieb die Raubthat, bei der Schwäche des Kaiſerreiches, zunächſt ein Jahrhundert hindurch als bloßes Factum unerſchüttert beſtehen, bis ſie endlich, durch die Nach= giebigkeit deſſelben, 1648 im Weſtphäliſchen Frieden zum Aergerniß aller deutſchen Patrioten die feierliche Sanction der Verträge erhielt.

Es würde uns zu weit führen, wollten wir die Zwiſchenſpiele jener Zeit, die Geſchichte der Unterhandlungen und Drohungen, der Proteſte und Reclamationen — wie intereſſant und belehrend ſie auch ſei — dem Leſer vor Augen führen. Die franzöſiſche Diplomatie hörte nicht auf, die deutſchen Fürſten zu verſichern: „der Beherrſcher Frankreichs ſei ihr treueſter Freund, ihm ſollten ſie unbedingt vertrauen"; nur auf die „Freiheit des deutſchen Reiches" ſei er bedacht; er ſuche dabei „keinen eigenen Nutzen", er denke nicht daran „Eroberungen in Deutſchland zu machen." Er ſelbſt that als ſei er „der einzige Gerechte und Tugendhafte in dieſer verderbten Zeit", als halte er ſich für „einen Heiland" der deut= ſchen Nation, als wäre ihm „ſeine eigene Krone weniger werth wie die Rettung ſeiner Bundesgenoſſen aus der kaiſerlichen Knechtſchaft." Zu= weilen nahm er auch in officiellen Schriftſtücken gegen die deutſche Nation einen wunderbar hochmüthigen und ſchulmeiſterlichen Ton an; die „An= hänger des Kaiſers" nannte er darin geradezu „verzweifelte Böſewichter", die „in ihrer Bosheit täglich Krieg ſpinnen", während er ſelbſt „nichts heftiger begehre und wünſche, als erſtlich Frieden und Ein= tracht zu erhalten,′ ferner der Welſchen und der Deutſchen Freiheit zu retten."

Doch dergleichen „Praktiken" vermochten die Thatſachen der Treu= loſigkeit und frecher Raubgier nicht zu verwiſchen. Konnte man doch über die Ziele der franzöſiſchen Politik nicht im Zweifel ſein! Durfte man ſich doch erinnern, wie ſchon jene Manifeſte des Jahres 1444 ohne Scheu behauptet hatten: „das ganze Land bis zum Rhein gehöre zu Frank= reich." Mit Grund mahnte daher Kaiſer Karl ſchon im Jahre 1552 die deutſchen Fürſten: ſie ſollten nicht „das Reich den Franzoſen mit Willen unter die Füße werfen." Mit Nachdruck erklärte er ihnen: Der „Plan" des franzöſiſchen Cabinets ſei kein anderer als „Deutſchland in Knecht= ſchaft und Elend zu bringen; das ſei die Glückſeligkeit, welche die Deutſchen von jener Seite zu gewärtigen hätten."

Allerdings aber handelten weder Kaiser noch Reich solchen Ansichten gemäß. Die habsburgischen Kaiser legten vielmehr einen weit größern Werth auf die Mehrung ihrer Hausmacht als auf die Wahrung der Integrität des Reiches, und das Reich selbst büßte in der innern Zwietracht jeden Stachel zur Thatkraft nach außen ein. Wohl bestanden die deutschen Fürsten in Worten fort und fort auf der Rückgabe der geraubten drei Bisthümer und Städte, wohl versprachen die deutschen Kaiser fort und fort dafür Sorge tragen zu wollen; aber nie kam man von Worten und Versprechungen zu Thaten und Erfolgen. Das Höchste, wozu man sich verstieg, war — im Jahre 1559 — die drohende Erklärung an Frankreich: „Man möge nicht glauben, der Kaiser und die Stände würden es bei Drohungen bewenden lassen; im Gegentheil, falls Frankreich auf seinem Raub zu beharren Miene mache, würden sie an stärkere und entscheidende Mittel denken, — welches dann nicht allein den Franzosen, sondern auch andern anstoßenden Fürsten hinlängliche Scheu verursachen würde, um fortan das Reich mit thätlichen Angriffen unbeleidigt zu lassen." Allein Frankreich verfuhr nach seinem Gutdünken, und ließ Kaiser und Reich nach Belieben protestiren.

Deutschland tröstete sich mit seinem guten Recht. Kaiser Maximilian schmeichelte noch 1568 sich und Anderen mit dem zufriedenen Selbstbewußtsein: „die drei Bisthümer gehörten allerdings zum Reiche, ob sie gleich Frankreich ipso facto inne habe." Seltsam! auf die Weise hätte man sich alle Glieder des Reiches rauben lassen dürfen, und sich vollkommen damit trösten können, daß sie dennoch zum Reiche gehörig seien. Freilich sandten die Bischöfe der drei Stifter noch 1566 jeder seinen Gesandten zum Reichstage; freilich galten und betrachteten sie sich selbst bis zum Westphälischen Frieden herab als Stände und Fürsten des deutschen Reiches; freilich erkannten sie noch formell die Souveränetät der Kaiser an, empfingen von ihnen die Investitur u. s. w. Allein was war mit allen diesen Fictionen geholfen? Es mußte sogar als bedenklich erscheinen, Fürsten, die thatsächlich blinde Vasallen der Beherrscher Frankreichs waren, sich rechtlich als deutsche Reichsstände geriren zu lassen. Und am Ende kam doch eben alles auf das Thatsächliche, auf das Haben, auf den Besitz an.

Der Besitz der drei Stifter und Städte war aber in den Händen der Franzosen für Deutschland überaus gefährlich. Hatten sie doch bisher, nach dem Ausdruck des Herzogs von Würtemberg im Jahre 1559, geradezu als eine „Vormauer gegen Frankreich" gegolten! War doch namentlich die

Stabt Metz, diese uralte deutsche Festung, Jahrhunderte hindurch der
„Schlüssel zu Frankreich" gewesen, wie sie nunmehr der „Schlüssel zu
Deutschland" warb. Mit Recht warnte baher der Pfalzgraf Wolfgang,
Herzog von Zweibrücken, den Kaiser Maximilian im Jahre 1568: „Es
würden die Franzosen gar nicht feiern, je länger je mehr festen Fuß in
Deutschland zu fassen und mittelst der drei Stifter und Städte, die
stets mit Kriegsvolk besetzt und gewaltig befestigt wären, die diesseits
des Rheines gelegenen Länder unter ihre Gewalt zu bringen,
wofern ihnen nicht in Zeiten begegnet werbe."

Daß die französische „Befreiung" der drei „freien Reichsstädte" diesen
nur die lauterste Knechtschaft brachte, versteht sich von selbst. Damit
stand es gar nicht im Wiberspruch, daß der Herr von Frankreich ihnen
versicherte: „er wolle sie ganz wie seine übrigen Unterthanen be=
trachten" — ober, nach der Auslegung des verrätherischen Bischofs Robert
von Metz: „wie gute Franzosen behandeln." Alle ihre Freiheiten und
Privilegien wurden mit Füßen getreten oder geradezu abgeschafft, der voll=
ständigste Despotismus aufgerichtet, die strengsten Militärgesetze verkündet
und gehandhabt. Unb zugleich wurde mit dem wüthendsten Eifer in ihnen
der Protestantismus ausgerottet, dessen Bekennern in Deutschland
die französischen Waffen doch angeblich „Schutz" und „Freiheit" und
„Rettung" hatten bringen wollen. In Metz waren Haussuchungen nach
protestantischen Büchern und fanatische Autobafé's an der Tagesordnung,
unb an die Einwohner erging ohne Weiteres der Befehl, sich „in Sachen
der Religion streng an die Dogmen der katholischen Kirche zu
halten, da man leiber eine Hinneigung zu den Neuerungen in
Deutschland wahrgenommen habe." Mit unübertrefflicher Birtuosität
schaltete namentlich der Marschall von Bieileville über Metz. Eine Klag=
schrift der vornehmsten Patricier an die kaiserliche Kammer zu Speier
wurde von ihm mit Beschlag belegt, der Verfasser und der besignirte Ueber=
bringer ertränkt, die Anderen mußten „Abbitte auf den Knieen" thun.

Trotz dieses Terrorismus der französischen Herrschaft unb trotz der
Apathie Deutschlands, das sich durch Nichtsthun alle Mühe gab die Herzen
der verlassenen Landsleute sich zu entfremden, währte bei diesen noch lange
Zeiten hindurch die unbedingteste Anhänglichkeit an ihr Vaterland fort.
Nicht nur bestürmten die verjagten oder emigrirten Magistrate unb Bür=
ger den Kaiser unb das Reich, wie namentlich auf dem Augsburger
Reichstage von 1559, mit Bitten um Hülfe für ihre Heimath; sondern es
fehlte auch wenig, so hätten noch im Jahre 1603 die Bewohner von Metz

— bei nur einiger Unterſtützung von außenher — ſich von Frankreich
losgeriſſen und mit Deutſchland wieder vereinigt.

Mit dem Geſchehenlaſſen des Raubes von Metz, Tull und Verdun
— das iſt von allem das Wichtigſte — begann für Deutſchland der Pro=
ceß des politiſchen Zerfalls und jene lange Reihe von Beraubungen, denen
es bis auf die neueſte Zeit herab preis gegeben war (S. Scherer a. a. O.
S. 360).

Der Weſtphäliſche Friede, der dieſen Raub ſanctionirte, und auf den
wir im Folgenden näher eingehen, war in mehr als Einer Beziehung für
Deutſchland eine Gipfelung der Schmach, und für Frankreich eine Gipfe=
lung des Triumphes.

II.

Der Verlust der Landgrafschaft im Elsaß (1648).*)

～～～

Wie zu dem Raube von Metz, Tull und Verdun, so gaben auch zu dem Verluste des Elsaßes die religiösen Verwickelungen in Deutschland den nächsten Anlaß.

Der dreißigjährige Krieg wurde bekanntlich durch die ultramontane, von Oesterreich ausgehende und durch das Kaiserhaus gestützte Reaction angebahnt, die, trotz des längst und allseitig anerkannten Religionsfriedens, trotz der feierlich ausgesprochenen Gleichstellung der Bekenntnisse, dem Protestantismus immer zahlreichere deutsche Gebiete wieder abzuringen wußte und endlich auch Miene machte, ihm eines seiner ältesten und bedeutendsten Bollwerke — Böhmen — wieder zu entreißen. Die ungestüme Ungeschicklichkeit dieses Versuches, wodurch die unzweifelhaften im „Majestätsbrief" besiegelten Rechte der Utraquisten auf das Gröblichste verletzt wurden, weckte die ersten Funken des Krieges, die nun alsbald in lichten Flammen aufschlugen.

Nach und nach nahm der Brand, bei wachsender Zwistigkeit der Parteien und dadurch bedingter reicherer Nahrung, immer breitere Dimensionen an, dehnte sich über das gesammte Deutschland aus, und lockte immer zahlreichere Fremdlinge — vor allem Schweden und Franzosen — als beutelustige Löschmannschaften heran und herein. Wie im Jahre 1552, so trat auch nunmehr wieder das katholische und dem centralisirenden Absolutismus verfallene Frankreich als „Beschützer" des Protestantismus und als „Retter" der „deutschen Freiheit" auf. So kam es, daß am Ende weit mehr geschürt als gelöscht wurde.

----

*) Für diesen und die beiden folgenden Abschnitte kommt auch die actenmäßige Geschichte des Elsaßes von Strobel in Betracht.

2

Wir übergehen die mannigfach wechſelnden Phaſen dieſer ſcheußlichen,
nicht enden wollenden Zerrüttung und Verwüſtung deutſchen Bodens, der
namentlich auch das Elſaß, deſſen landgrafſchaftliche Rechte dem öſterreichi=
ſchen Erzherzog Leopold und ſeinen Erben zuſtanden, in vollem Maße
anheimfiel.

Ende October 1644, kurz bevor die lange erwarteten Friedensver=
handlungen endlich begannen, waren die Franzoſen militäriſch im Beſitz
des linken Rheinufers von Straßburg bis Koblenz, und des Landes zwi=
ſchen Rhein und Moſel. Die franzöſiſche Politik war entſchloſſen, es koſte
was es wolle, aus dieſer Thatſache dauernden Gewinn zu ziehen. Alle
Schleichwege der diplomatiſchen Kunſt, alle Mittel der Ueberliſtung ſollten
in Anwendung gebracht werden, um möglichſt viel auf Einmal und mit
Einem Federſtriche zu erreichen. Als der Kaiſer Ferdinand III. am 4.
December die „gegenſeitige Zurückgabe aller Eroberungen“ in
Vorſchlag brachte, zog franzöſiſcherſeits der Carbinal Mazarin die Ver=
handlungen wohlweislich in die Länge, um allmälig die gegneriſche
Diplomatie mürbe zu machen; er wollte ſie dahin bringen, erſt ſelbſt
Anerbietungen zu machen und dergeſtalt im Principe nachzugeben.
Nur immer andeutend, daß er etwas fordere, aber ohne je auszuſprechen,
was er fordere, hielt er ſich die Hand frei und das Maß ſeiner Forderungen
offen. Noch am 11. Juni 1645 ſprach er nur im Allgemeinen das Ver=
langen aus: daß Frankreich für ſeine „Anſtrengungen, Verluſte und Aus=
gaben“ eine „angemeſſene Entſchädigung“ erhalte. Es war voraus=
zuſehen, daß dieſer erſte Anlauf noch nicht Erfolg haben, aber ihn doch vor=
bereiten werde; es kam darauf an, Fühlhörner auszuſtrecken und Samen
auszuſtreuen, oder die Welt an gewiſſe Ideen nur erſt zu gewöhnen, um
ſie dann am Ende auch dafür zu gewinnen. In der That lautete die Ant=
wort im September noch durchaus ablehnend: der Kaiſer ſei der franzö=
ſiſchen Krone „nicht zu irgend einer Entſchädigung verbunden“; viel=
mehr habe er „die gerechteſte Urſache, für ſich auf einer ſolchen zu be=
ſtehen.“ Nun neues Zögern und kluges Stocken; nur gelegentlich, nicht
officiell, ließen die franzöſiſchen Diplomaten das Stichwort „Abtretung des
Elſaß“ fallen. Das wirkte; nicht unmittelbar in Bezug auf das Object, aber
mittelbar in Bezug auf das Princip. Mit dem December trat die erzielte
Wendung ein. Der öſterreichiſche Geſandte, Graf Trautmannsdorf, ließ
ſich gleich nach ſeiner Ankunft zu Münſter, bei ſeiner erſten Unterredung
mit dem franzöſiſchen Geſandten, wirklich zu „Anerbietungen“ herbei, wo=
durch ſofort die Frage der „Entſchädigung“ im Princip als berechtigt zu=

gestanden war. Denn obgleich er verlangte, daß Frankreich „alles heraus=
gebe, was es im deutschen Reich inne habe", und obgleich er erklärte: daß
der Kaiser „nie in die Abtretung des Elsaß willigen werde", so erbot
er sich doch im Namen des Kaisers zur Ueberlassung aller Souveränetäts=
rechte über die drei Bisthümer, „Metz, Tull und Verdun."

Das war es, was man französischerseits zunächst wollte, ein bloßes
Anbeißen. Fortan kam es nur auf das Quantum, auf das Mehr oder
Weniger der Anerbietungen und der Forderungen an. Das dargebotene
Quantum lockte der französischen Diplomatie nur ein hochmüthiges Lächeln
ab. Sie erklärte am 7. Januar 1646: das reiche zur „schuldigen Genug=
thuung" für Frankreich nicht hin, da „diese Dinge von Alters her
zu ihm gehörten"; sie forderte nun mit rückhaltsloser Unverschämtheit,
daß ihm „außerdem Ober= und Unterelsaß mit Einschluß des Sund=
gaus, Breisach und der Breisgau, die Waldstädte und die Festung Philipps=
burg mit ihrem Gebiete abgetreten würden"; dafür wolle es „dann
nicht verschmähen, wie andere Reichsstände Sitz und Stimme auf
dem Reichstage zu haben." Ueberdies verlangte man auch noch, daß
die Regelung der Angelegenheiten des Herzogs von Lothringen, dessen
Land fortwährend der Willkür Frankreichs preis gegeben war, völlig aus
dem Frieden „ausgeschlossen bleibe"; angeblich weil diese Sache „nichts
mit der gegenwärtigen Unterhandlung gemein" habe, in Wahrheit aber
damit ein Streitobject für künftige Eventualitäten erübrige.

Vergebens regte sich jetzt der Patriotismus der Stände in kühnen
Einreden: was denn die Fremden berechtige „Deutschlands Städte und
Landschaften gleichwie Beute unter sich zu theilen? was denn die Fürsten
gesündigt hätten, daß mit ihren Erbgütern der Ausländer Ehrgeiz und
Habsucht gestillt werden müßte? wer denn so blödsinnig sei zu hoffen, daß
die Gallier, nachdem sie so Vieles gewonnen, im Elsaß still stehen sollten?
Das sei die Seuche der Völker die unter verschiedene Fürsten vertheilt
sind, daß sie von Parteien auseinander gezerrt würden, und daß der
von einer Partei der Zwistigen Herbeigerufene wider Alle stark werde."

Vergebens erklärte auch der Fürstenrath: „Kaiser und Reich wären
den Franzosen schlechterdings keine Genugthuung schuldig", und
zeigte sich kaum einmal zur Ueberlassung der drei Bisthümer geneigt.

Vergebens malte Oesterreich selbst die Gefahren der Zukunft aus:
Erfülle man die Forderungen Frankreichs, so würde dasselbe „bald aus
Straßburg und den 13 freien Reichsstädten" des Umkreises französische
„Landstädte zu machen wissen"; was die „Fürsten am Rhein zu befahren

hätten, leuchte von selbst ein"; auch „die Niederlande würden bald in den Händen der Franzosen sein"; und wolle man doch jetzt schon den „Herzog von Lothringen nicht einmal mit seinen Klagen hören!"

Vergebens endlich protestirte die öffentliche Meinung gegen die Willkür der fremden Machthaber. „Zu Münster und Osnabrück — riefen die Pa= trioten — spotten wehrlose Ausländer, nicht mit Legionen gerüstet, über die Deutschen und triumphiren über das ganze Deutschland. Sie gebieten — und wir sind da; sie reden — und wir hören sie an wie Orakel; sie ver= heißen — und wir schenken ihnen Glauben wie Göttern; sie dräuen — und wir zittern gleich Sklaven. Wenn von Paris oder Stockholm her von irgend einem Jupiter, oder einer launenhaften Juno, etwas von Gunst oder Zorn auch nur in einem Brieflein übersandt wird, so sind wir Deut= sche — o der Blindheit! — gleich freud= oder leidvoll . . . . Und wir Deutsche sind noch uneinig und verlassen unsere wahre Gottheit, um jenen Götzen anderer Völker den Geist aller Freiheit, alles Ruhmes, aller Ehre, und die Seele selbst zu opfern!"

Vergebens! Frankreich, voll Scheu vor einem einigen Deutschland, war mit Erfolg bedacht, jede Einigung zu verhindern. Umsonst bemühte sich daher Trautmannsdorf, alle Reichsstände für die Partei des Kaisers zu gewinnen. Mazarin aber befahl seinen Agenten: „fest bei den Forde= rungen zu beharren"; da er erfahren, daß der Kaiser den „baldigsten Frieden" in seiner bedrängten Lage für eine „Nothwendigkeit" halte, und daß der Kurfürst von Bayern „der Meinung sei, man müsse den Franzosen das Verlangte bewilligen." Nur dazu erhielten die französischen Gesandten die Vollmacht, für die Erzherzoge, als bisherige Besitzer des landgräflichen Elsaßes, zu einer „Geldentschädigung" sich zu verstehen.

Die Umtriebe glückten über alles Erwarten. Trautmannsdorf wil= ligte zuerst in die Abtretung des untern, dann auch wenige Tage später (14. April 1646) in die des obern Elsaßes nebst dem Sundgau ein; und eine Concession fiel fortan der andern nach.

Es war in der That eine große Schwäche der Krone Bayern, daß sie sich verleiten ließ, die Forderungen Frankreichs zu „unterstützen". Es war aber noch eine größere Schwäche Oesterreichs, daß es für Geld die kost= barsten Reichsländer preiszugeben sich bereden ließ. So geschah es denn wirklich, daß mittelst des Friedenstractates nicht nur die Bisthümer Metz, Tull und Verdun definitiv an Frankreich abgetreten wurden, sondern zu= gleich auch die Landgrafschaft im obern und untern Elsaß nebst dem Sundgau und der Stadt Breisach, sowie die Landvogtei der zehn im Elfaß gelegenen Reichsstädte: Hagenau, Kolmar, Schlettstadt, Weißenburg, Landau, Kaisersberg, Obernheim, Roßheim, Münster und Thüringheim — jedoch ohne daß die „Freiheit und Reichsunmittelbarkeit" dieser Städte dadurch beeinträchtigt werden sollte. Und alle diese Abtretungen österreichischer, bisher im Namen des deutschen Reiches geübter Besitztitel und Rechte erfolgten gegen eine Entschädigung von d r e i M i l = l i o n e n L i v r e s für die Söhne des Erzherzogs Leopold, statt der sechs Millionen, die zu bewilligen die französischen Gesandten ermächtigt waren, und statt der fünf Millionen Reichsthaler, die Trautmannsdorf Anfangs geforder. Frankreich ersparte also bei dem Schacher noch obendrein die Hälfte des erwarteten Preises. Der bisherige Lehnsverband der abgetretenen Besitzungen mit dem Reiche wurde übrigens schließlich für völlig aufgelöst erklärt; denn der Wunsch, vermittelst der Reichsstandschaft einen directen Einfluß auf die deutschen Angelegenheiten auszuüben, trat doch am Ende in dem Pariser Cabinet vor der Erwägung zurück: die Würde der französischen Krone verlange, daß der Besitz ein s o u v e r ä n e r sei.

Deutschland war vollauf zu den bittersten Klagen berechtigt. Nie hat die französische Diplomatie größere Erfolge durch Zähigkeit errungen. Noch zwar verblieben Straßburg und alle bisher reichsunmittelbaren Stände des Elsaßes sowie das Herzogthum Lothringen beim deutschen Reiche. Aber wie lange konnte für sie nach so schmachvollen Preisgebungen die „Gefahr" ausbleiben, die Oesterreich selber für den Fall eines solchen Ausganges prophezeit hatte!?

III.

Die Uebergriffe im Elsaß und die Stiftung des ersten Rheinbundes (1658).

~~~

Man hat wohl zuweilen, auch außerhalb der französischen Diplomatie des 17. Jahrhunderts, die Behauptung gewagt: „daß den Bestimmungen des Westphälischen Friedens über das Elsaß die Klarheit abgehe, daß Manches darin geeignet gewesen sei, auf eine widersprechende Weise gedeutet zu werden." (So auch Strobel, Gesch. des Elsaßes Th. IV. S. 477.) Das ist indessen, wenigstens für alle die Fragen, auf deren Entscheidung es den Anmaßungen der französischen Politik gegenüber vor allem ankam, durchaus unbegründet. Freilich darf man sich auch heute, bei gewissenhafter Prüfung, nicht auf bloße Inhaltsanzeigen verlassen oder auf Uebersetzungen, die beiderseits nur zu leicht das Wesen der Dinge entstellen und dadurch erst die Zweideutigkeit verursachen. So muß z. B. auch die Uebersetzung bei Scherer (in Raumer's historischem Taschenbuch 1843. S. 5) als eine irrige und darum irreleitende bezeichnet werden, indem sie „die beiden Elsaß" für „die Landgrafschaft der beiden Elsaß", und „die zehn Städte" für „die Präfectur der zehn Städte" setzt. Das Maßgebende ist ausschließlich der lateinische Originaltext; und dieser läßt für den Unbefangenen heute sowenig wie im 17. Jahrhundert auch nur den geringsten Zweifel zu Gunsten der französischen Anmaßungen zu.

Nicht das Elsaß als solches, mit seinem gesammten territorialen Inhalt und mehr als einer Million Einwohnern, wurde in den Paragraphen 73 und 74 des Münster'schen Friedenstractates der Krone Frankreich abgetreten; sondern n u r eben die „Landgrafschaft" desselben, d. h. die landgrafschaftlichen Rechte und Besitzungen des Hauses Oesterreich im Elsaß, welche letzteren nur etwa den vierten Theil des

Landes, 285 Gemeinden mit 227,000 Einwohnern, umfaßten.*) Und ebenſo wurden ihr nicht die früher genannten zehn Reichsſtädte als ſolche abgetreten, ſondern nur eben die „Präfectur" derſelben, d. h. die land= vogteilichen Rechte des Hauſes Oeſterreich gegenüber den zehn Städten. Es war klar, daß mit dieſen Abtretungen nur die landgräflichen Lehen und nicht die reichsunmittelbaren Stände des Elſaßes, nur die landvogteilichen Einkünfte und nicht die reichsunmittel= bare Freiheit der Städte preis gegeben werden ſollte.

Wenn aber hierüber noch irgend ein Zweifel hätte beſtehen können, ſo wurde er vollkommen durch §. 87 gehoben, worin ausdrücklich feſtgeſetzt worden: daß der König von Frankreich ſich mit denjenigen Rechten zu begnügen habe, die bisher dem Hauſe Oeſterreich zuſtanden; und daß er demnach gehalten ſei, in ihrer bisherigen Freiheit und Reichsunmittelbarkeit zu belaſſen: 1) nicht nur die Biſchöfe von Straßburg und Baſel, ſowie die Stadt Straßburg**), ſondern auch 2) die übrigen in beiden Elſaß dem Reich unmittelbar untergebenen Stände, namentlich die Aebte von Murbach und Ludern, die Aebtiſſin zu Anblau, das Benedictinerkloſter im St. Gregoriusthal, die Pfalzgrafen von Lützelſtein, die Grafen und Barone von Hanau, Fleckenſtein, Oberſtein und die Ritterſchaft des geſammten Nieder=Elſaß; ſowie 3) die beſagten zehn Reichsſtädte, welche die Landvogtei Hagenau an= erkennen.

Endlich — und dies iſt eine wohl zu beachtende Thatſache — gab die franzöſiſche Regierung ſelbſt eine geraume Zeit hindurch unzweideutig und wiederholentlich kund, daß ſie über den wahren Sinn jener völker= rechtlichen Beſtimmungen durchaus nicht im Zweifel ſei. Aber ebenſo deutlich trat auch die Abſicht hervor, dieſelben durch allmälige ſyſtematiſche Uebergriffe zu untergraben.

Die Tendenz, das geſammte Elſaß abſolut unter die Botmäßigkeit Frankreichs zu bringen, und zwar trotz der Verträge, hing auf das Engſte mit den Rheingelüſten zuſammen. Von willkürlichen „natürlichen" Grenzen träumend, vermochte man ſich nicht zur Achtung der vertrags= mäßigen völkerrechtlichen Grenzen zu erheben. Und doch zeigte ſchon das

---

*) In ſtatiſtiſcher Beziehung ſ. Böckh, Der Deutſchen Volkszahl und Sprach= gebiet 1870. S. 172.

**) Dieſe ausdrückliche Erwähnung neben den anderen Ständen verdankte die Stadt der Beharrlichkeit ihres Geſandten, während der franzöſiſche Bevollmächtigte Servien alles aufbot, um die Einſchaltung zu hintertreiben.

Trachten nach Ländern des rechten Rheinufers, wie z. B. dem Breisgau, daß ſelbſt die vermeintliche Naturgrenze keine Bürgſchaft der Sättigung geben könne, und daß der Rechtsverächter ebenſo wenig die Natur wie das Recht achten werde.

Als die Vorbedingung zur Befriedigung ihrer Eroberungsgelüſte galt der franzöſiſchen Politik die Zerklüftung Deutſchlands. Jede Möglichkeit einer Einigung deſſelben auf die Dauer zu verhindern, war daher ihr Hauptbeſtreben im Weſtphäliſchen Frieden. Schon 1645 erklärte Mazarin den Straßburgiſchen Abgeordneten: „Es hänge Frankreichs Sicher= heit davon ab, daß die Stände Deutſchlands nicht in Sklaverei geriethen" — d. h. unter einen Oberherrn. Darum ſollte allen deutſchen Fürſten die territoriale Souveränetät zugeſtanden werden; darum mußten ſie das Recht erhalten, nach Belieben Bündniſſe zu ſchließen und fremden Mächten Beiſtand zu leiſten. Freilich — lauteten die In= ſtructionen der franzöſiſchen Geſandten — in Frankreich würde ein ſolches Verhältniß verrätheriſch ſein, aber in Deutſchland wird es durch die Natur der Sache gerechtfertigt; unverzeihlich wäre es, wenn ein franzöſiſcher Prinz bei anderen Mächten Hülfe ſuchen wollte, die deutſchen Fürſten jedoch, von denen die Wahl des Kaiſers ſelbſt abhängig iſt, müſſen auch berechtigt ſein, mit anderen Potentaten Verträge zu ſchließen. Wir wiſſen, wie der franzöſiſche Anſchlag nur zu gut gelang. Das Jahr 1648 beſiegelte nicht nur die Thatſache, ſondern ſogar den Grundſatz der Zer= riſſenheit und damit der Ohnmacht Deutſchlands.

Auf ſolchem Fundamente wurden nun die franzöſiſchen Uebergriffe im Elſaß allmälig ins Werk geſetzt. Die Gewaltmaßregeln, Chicanen und Anmaßungen dehnten ſich alsbald nach allen Richtungen aus. Die erſte war wohl, im Jahre 1651, der Befehl zur Vertreibung „ſämmtlicher Iſraeliten" aus der Stadt Breiſach und ihrem Gebiete, und zwar einfach aus dem Grunde, „weil ſie auch im übrigen Königreich nicht geduldet würden." Daran reihte ſich 1654 der weitere Befehl: daß in Breiſach ſo wie im Sundgau und Breisgau „kein Individuum" geduldet werden ſollte, das einer „andern Religion als der katholiſchen" angehöre. Anderer= ſeits forderte ſchon 1652 der franzöſiſche „Landvogt" der zehn Reichsſtädte dieſen den „Eid der Treue" ab. Die Städte, die in dem Landvogt nicht einen „regierenden Herrn" ſahen, ſondern nur einen „Beamten, der über ihre Intereſſen zu wachen habe", leiſteten ſo entſchiedenen Widerſtand, daß der Landvogt, Graf von Harcourt, ſich ſogar unterm 11. Juli 1653 zu einer ſchriftlichen Anerkennung ihrer „Privilegien, Beſitzungen und Frei=

heiten" ſowie ihrer „reichsunmittelbaren Stellung" herbeiließ. Aber ſchon im September bekamen ſie Grund zu einer neuen Proteſtation durch die Einſetzung eines franzöſiſchen Parlamentshofes zu Enſisheim. Zwar ſuchte Colbert ſie zu beſchwichtigen: es gelte, den neuen Unter= thanen die „wahren Früchte des Friedens" zuzuwenden; auch habe ja das Elſaß ſchon zur Zeit des auſtraſiſchen Reiches „Klein=Frankreich" geheißen. Und der Generalprocurator tröſtete ſie gar mit dem Segen der franzöſiſchen Protection, indem er den Beherrſcher Frankreichs mit der „Sonne" ver= glich, die „auch in die entlegenen Länder" ihre Strahlen verbreite. Den= noch beklagten ſich die zehn Städte beim Regensburger Reichstage über die Verſuche zur Antaſtung ihrer Freiheiten, da ſie doch keinen andern Oberherrn als „Kaiſer und Reich" anzuerkennen hätten. Ueberhaupt häuften ſich mit dem Jahre 1653 die Klagen von allen Seiten; man war der franzöſiſchen Fremdherrſchaft entſchieden abgeneigt, und die wachſenden Uebergriffe konnten die Unzufriedenheit nur ſteigern. Von den meiſten Ständen gingen damals beim Reichstage Beſchwerden über „Rechtswidrig= keiten" ein; auch der Biſchof von Baſel klagte, daß die von den Franzoſen occupirte Grafſchaft Pfirt im Sundgau ein Lehen ſeiner Kirche ſei; der Adel beſchwerte ſich über die Forderung ungebührlicher Leiſtungen; der Graf von Saarbrück und andere Stände wegen der Gerichtsbarkeit, die ſich das Parlament in Metz über ſie anmaßen wolle.

Kaiſer und Reichstag ließen nach langen Discuſſionen alle dieſe Klagen auf ſich beruhen, obgleich einzelne Stände zu energiſchen Maßregeln riethen. „Wenn, mahnten dieſe prophetiſch, das Reich die gerechten Klagen ſeiner Stände gleichgültig anſieht: ſo wird ein völliger Bruch zwiſchen den Gliedern des deutſchen Staatskörpers nicht lange anſtehen, und wir mögen nur immer den ganzen Oberrhein verloren geben ... Es wäre eine Schmach, vor eingebildeten Schwierigkeiten zurückzuweichen; eine große Schwäche, der Gerechtigkeitsliebe des franzöſiſchen Königs zu vertrauen; es hieße Frankreich unverantwortlich ſchonen, wollte man nicht wagen es zur gewiſſenhaften Beobachtung der Verträge zu nöthigen." Vergebens! der ganze Muth des Reichstags erſchöpfte ſich in einem Memo= randum an das Pariſer Cabinet, worin nach ſo vielen Rechtskränkungen ſeltſamerweiſe erſt noch das „Vertrauen" ausgeſprochen wurde, daß man „Niemanden in ſeinen Rechten kränken werde."

Die Wirkung war nur eine Steigerung des Uebermuthes der fran= zöſiſchen Politik. Als der Verſuch zur Erwerbung der Kaiſerkrone für die Bourbons ſcheiterte und die Wahl Leopolds von Habsburg im Jahre 1658

unabwendbar wurde, wußte man wenigſtens auf die Wahlcapitulation
einen Einfluß zu üben, der die Macht des Kaiſers vollends brach und der
franzöſiſchen Intrigue Thür und Thor öffnete. Demnach mußte der Kaiſer
geloben, weder Krieg anzufangen ohne Genehmigung der Fürſten, noch
den Feinden Frankreichs Hülfe zu gewähren; wogegen der franzöſiſchen
Krone das Recht zugeſichert wurde: deutſchen Reichsſtänden, auf ihr
Anſuchen, Beiſtand zu leiſten.

Aber noch nicht genug! Das ſollte nur die Brücke ſein zu einem
franzöſiſchen Protectorate. Am 18. Juli war Leopold zum Kaiſer
gewählt worden; und ſchon im Auguſt warb der ſogenannte „rheiniſche
Bund" abgeſchloſſen, der mit Schwedens Beiſtand dieſes Protectorat ver-
wirklichte.*) Die erſten Mitglieder deſſelben, außer Frankreich, waren:
Die Kurfürſten von Mainz, Trier und Köln, der Biſchof von Münſter, die
Herzoge von Braunſchweig-Lüneburg, der Landgraf von Heſſen-Caſſel,
Pfalzneuburg wegen Jülich, Schweden wegen Bremen, Verden und
Wißmar. Erſt ſpäter traten Würtemberg, Darmſtadt, Pfalzzweibrücken
und der Biſchof von Baſel hinzu. Als Zweck wurde aufgeſtellt: die „Auf-
rechthaltung des Weſtphäliſchen Friedens" und insbeſondere die „Erhaltung
der deutſchen Freiheit." Daher ſollte denn auch kein „Unterſchied der
Religion" ſtatthaben, vielmehr das Bündniß ein rein politiſches ſein. Als
Organ diente ein „Bundesrath" oder ein „Bundeskriegsrath". Denn
obwohl man „keine Offenſion" beabſichtigte, ſondern nur ſich „zu befen-
diren gemeint" war: ſo mußten ſich doch alle Verbündeten verpflichten,
ein beſtimmtes Truppencontingent „jederzeit" marſchbereit zu halten.
Frankreich verſprach, im Fall eines Angriffes 16,000 Mann zu ſtellen,
gelobte im Uebrigen „das Reich auf keinerlei Weiſe zu beſchädigen", und
betheuerte fort und fort: daß es der „aufrichtigſte Freund aller deutſchen
Fürſten" ſei.

Trotzdem erregte die Stiftung des „Rheinbundes" eine große Beſtürzung. Der Papſt, der noch immer Türken und Proteſtanten ausdrücklich auf eine Linie ſtellte, proteſtirte gegen das monſtröſe Bündniß katholi-
ſcher Kirchenfürſten mit der ketzeriſchen Partei. Die intereſſirten Spanier
zeigten ſich empört: man wolle die deutſchen Fürſten glauben machen, daß
ſie „von Frankreichs Freundſchaft einen zuverläſſigern Schutz zu erwarten
hätten, als von Kaiſer und Reich"; aber das ſei vielmehr „der grade Weg
zum Umſturz der deutſchen Freiheit." Entſchieden patriotiſch trat der

---

*) Vgl. Pfiſter, Geſch der Teutſchen V. 27 ff.

„große Kurfürſt" von Brandenburg auf.   Nicht nur wies er ſelbſt alle Zumuthungen zum Beitritt ab, ſondern machte auch bei Anderen einbring= liche Vorſtellungen dagegen.   Dem Kurfürſten von Köln gegenüber appel= lirte er an die „Liebe zu unſerm Vaterlande deutſcher Nation"; er beklagte es als eine abſonderliche Heimſuchung Gottes, daß „die vornehmſten Säulen des Reiches ſich durch die Widerſacher deſſelben von dem rechten Wege a b l e i t e n laſſen"; er ſprach die feſte Zuverſicht aus, daß S. Liebden „nach wohlerwogner Sache ſich zu anderen Gedanken werde bewegen laſſen"; denn es ſei unverkennbar, „daß die Allianz ſolche Dinge in ſich begreife, welche mit der Reichsverfaſſung und noch viel mehr mit dem Kurverein gar nicht übereinkämen"; ſchließlich rieth er gemeinſam dahin zu wirken, daß den Fremden „die Luſt, das Reich weiter zu i n v a d i r e n und e i n e n K r i e g a u s d e m a n d e r n zu ſpinnen, durch e i n m ü t h i g e s Zu= ſammenhalten der ſämmtlichen Kurfürſten und Fürſten möchte be= n o m m e n werden."   Die rheiniſche Allianz mußte ihm gerade in dieſer Zeit um ſo bedenklicher erſcheinen, als er ſelbſt damals noch mit einem der aus= wärtigen Mitglieder derſelben, mit Schweden, halb im Kriegsſtande oder doch erſt in Unterhandlungen über den Frieden begriffen war.   Sein Unwille über das Eindrängen der Fremden ging denn auch ſo weit, daß er zu einem förmlichen Appell an die deutſche Nation ſchritt, worin es hieß: „Ehrlicher Deutſcher!   Dein edles Vaterland ward leider bei den letzten Kriegen u n t e r d e m V o r w a n d der Religion und F r e i h e i t gar zu jämmerlich zugerichtet. Wir haben unſer Blut, unſere Ehre und unſern Namen dahingegeben, und nichts damit ausgerichtet, als daß wir — u n s zu Dienſtknechten, f r e m d e Nationen berühmt, u n s des uralten hohen Namens faſt verluſtig, und diejenigen, die wir vorher kaum kannten, damit herrlich gemacht haben! Was ſind Rhein, Elbe, Weſer, Oberſtrom, nunmehr anders als f r e m d e r N a t i o n e n G e f a n g e n e?   Was iſt deine Freiheit und Religion mehr, denn daß A n d e r e damit ſpielen?"   Nach einer Darlegung der Be= ſchwerden gegen die ſchwediſche Fremdherrſchaft, ſchloß der Aufruf mit den Worten: „So gedenke ein Jeder, was er für die Ehre des deutſchen Namens zu thun habe, um ſich g e g e n ſ e i n e i g e n B l u t und ſein vor allen Natio= nen dieſer Welt berühmtes V a t e r l a n d n i c h t zu v e r g r e i f e n.   Mir, du ehrlicher Deutſcher, ſind dieſe Dinge wohlbekannt, und habe ſie d i r d a h e r w o l l e n c o m m u n i c i r e n, damit man d i c h mit andern Be= r i c h t e n n i c h t länger ä f f e n und ohne Grund der Wahrheit ewig b l i n d h e r u m l e i t e n möge.   Abieu!   Gedenke, daß d u e i n D e u t ſ c h e r biſt!" Vergeblich! der große Kurfürſt mußte es — bei der Fortſetzung des

Krieges im Bunde mit dem Kaiſer — erleben, daß S ch w e b e n durch die
d e u t ſ ch e n Waffen des „Rheinbundes" in Bremen, Verden und Wismar
gedeckt wurde. Erſt das Jahr 1660 brachte den Frieden zu Oliva.

Noch vortheilhafter als für Schweden war das Wirken des Rhein=
bundes für F r a n k r e i ch im franzöſiſch=ſpaniſchen Kriege. Nicht nur daß
er in Deutſchland alle Werbungen zu Gunſten Spaniens, den Intereſſen
des Reiches und des Kaiſers zuwider, verhinderte, ſondern er ſchnitt auch
den Zuzug der kaiſerlichen Hülfsvölker ab. Und die Frucht für D e u t ſ ch=
l a n d war, daß im Pyrenäenfrieden 1659 wieder mehrere wichtige Plätze
des b u r g u n d i ſ ch e n Kreiſes an Frankreich verloren gingen. Das Reich,
trotz ſeiner bisherigen Oberhoheit über dieſelben, wurde dabei gar nicht
einmal um ſeine Zuſtimmung befragt.

Dagegen darf die Gerechtigkeit es nicht verſchweigen, daß im Türken=
kriege 1664 die Truppen des Rheinbundes und mit ihnen auch diejenigen
Frankreichs — nicht aber des Letzteren Diplomatie — dem Kaiſer und
Reiche tapfer zur Seite ſtanden, ja in der ſiegreichen Schlacht bei St. Gott=
hard mit den Ausſchlag gaben. Dieſer Umſtand kam aber auch wohl der
franzöſiſchen Politik bei ihrem unausgeſetzten Bemühen, den Kurfürſten
von Brandenburg trotz ſeiner Spröbigkeit für den Rheinbund zu gewinnen,
nicht wenig zu ſtatten. Wirklich trat derſelbe nach langen Verhandlungen
endlich im November 1664 ihm bei; aber unter ſo vielerlei Bedingungen
und Vorbehalten, Verclauſulirungen und Verwahrungen, daß es mit Rück=
ſicht auf die Antecedentien des Kurfürſten und auf die Folgen ſeines Bei=
tritts keinem Zweifel unterliegen kann: er ſei dem Bunde eben n u r des=
halb beigetreten, um ihn beſto ſ i ch e r e r u n ſ ch ä d l i ch machen und ſchließ=
lich ſ p r e n g e n zu können. Denn unverkennbar iſt es, daß ſeit ſeinem
Eintritt die nachtheilige Wirkſamkeit des Bundes für Deutſchland weſent=
lich paralyſirt erſcheint; und Thatſache iſt es, daß der Bund ſelbſt, der bei
ſeiner Stiftung 1658 auf drei Jahre geſchloſſen und ſeitdem immer wieder
auf einen gleichen Zeitraum verlängert worden war, gleich bei dem nächſten
Ablaufstermin im Auguſt 1667, trotz aller Bemühungen Frankreichs, ſtatt
erneuert zu werden, vielmehr zu Grabe getragen ward. Die katholiſchen
Mitglieder im Bundesrath ſtimmten zwar für Verlängerung; die anderen
aber opponirten, „weil Frankreich darin" ſei und weil man ſich „eben
deshalb wenig Fruchtbares" davon verſprechen könne. Im folgenden
Januar wurde die „rheiniſche Allianz" definitiv aufgelöſt.

So hatte denn dieſer erſte Rheinbund die Dauer von n e u n Jahre
gehabt, d. h. faſt genau dieſelbe wie der zweite in unſerm Jahrhundert.

IV.

Die Ausbildung des Raubsystems und die Aneignung Straßburgs (1681).*)

~~~~~~~~

Bis zum Jahre 1664 hatte die „rheinische Allianz" in mehr als Einer Beziehung nicht wenig dazu beigetragen, das schmähliche Umsichgreifen Frankreichs auf Kosten Deutschlands zu erleichtern. Obgleich die Wahlcapitulation Leopolds I. den „zehn Landvogtei=Städten" des Elsaßes neuerdings die Fortdauer ihrer Reichsunmittelbarkeit verbrieft hatte: wurde diesen dennoch gegen Ende des Jahres 1661 neuerdings die Zumuthung gestellt, dem König von Frankreich „als ihrem gnädigen Herrn und Beschützer" den Treueid zu leisten. Nach mannigsachen Weigerungen und Transactionen verstanden sich endlich die Städte im Januar 1662 zu einer Formel, worin sie „dem König mit aller Treue das zu leisten versprachen, was sie ihm kraft der im Westphälischen Frieden festgesetzten Abtretung der Landvogtei zu erweisen schuldig wären." Hierdurch glaubten sie sich einigermaßen gewahrt zu haben. Doch nunmehr bemühte man sich französischerseits auf Grund sophistischer antiquarischer Untersuchungen die Rechte der Landvogtei weit über alles bisherige Maß auszudehnen. Danach sollten die Städte fortan in richterlichen Dingen die Landvogtei zu Hagenau statt des Reichskammergerichtes zu Speier anerkennen, und überdies die Landvögte sowohl zu den Rathswahlen als zur Besichtigung und Anordnung ihrer Wehrverfassung zulassen. Einige fügten sich; andere widerstrebten und wurden gemißhandelt oder gar, wie Colmar, mit „Ruinirung" bedroht; alle aber wandten sich

---

*) Außer Strobel, Pfister und Gebhardi (Gesch. des Hauses Lothringen) s. namentlich die Monographie von Scherer über den „Verrath Straßburgs" in Raumer's hist. Taschenb. 1843. S. 1—135.

1664 mit erneuten Klagen an den Regensburger Reichstag. Dieser fuhr inbeß unbekümmert fort, dem deutschen Volke das bemüthigende Schau= spiel einer „glänzenden Erbärmlichkeit" zu geben, eines unerschütterlichen Gleichmuths bei allen großen und nationalen Angelegenheiten, und eines desto unermüdlichern Eifers, sobald es sich um „Lappalien", um „Forma= litäten" oder um „Rangstreitigkeiten" handelte. Die beim Reichstag ac= creditirten französischen Gesandten durften daher jederzeit die „Langsamkeit der Berathungen" verspotten und ihrem Hofe melden: „von den deutschen Fürsten sei nichts zu besorgen." Im folgenden Jahre ermannte sich zwar der Reichstag zu dem Vorschlage, sowohl die Beschwerden der zehn Städte, wie die der elsassischen Reichsritterschaft durch ein Schiedsgericht zu erledigen; allein die französische Diplomatie wußte die Angelegenheit so lange zu verschleppen, bis sie in noch größeren Gewaltthätigkeiten be= graben ward.

Um diese Zeit fehlte es in Frankreich auch nicht an officiösen Bro= schürenschreibern, welche beflissen waren, die öffentliche Meinung im In= teresse der französischen Anmaßungen zu bearbeiten. Am meisten that sich auf diesem Gebiete Aubery hervor, ein Pariser Advocat und königlicher Rath. Schon 1662 war er bemüht, in einer Broschüre die „Vorzüge des Königs von Frankreich" vor allen anderen Potentaten und dessen Mission als Weltbeglücker, als Retter und Beschützer der Völker, zu verkünden; 1667 aber beducirte er in einer neuen, dem Staatsoberhaupte selbst ge= widmeten „Staatsschrift" über die „gerechten Ansprüche des Königs auf das Reich", daß der größte Theil Deutschlands das alte Erbtheil der französischen Herrscher sei. Ja, es fanden sich sogar in Deutsch= land superkluge oder phantastische Publicisten, die, durch französisches Gold oder durch ihre eigenen Träumereien bestochen, in Ludwig XIV. den Be= gründer eines neuen Zeitalters, einen neuen Karl den Großen begrüßten. Die materiellen Bestechungskünste und ihre Erfolge gingen damals ins Unglaubliche. Nicht nur deutsche Gelehrte, auch Diplomaten, Fürsten und kaiserliche Minister, wie Lobkowitz, wurden von Paris her durch Jahr= gelder, durch Gratificationen oder reiche Geschenke und anderweitige Vor= theile gewonnen. Wie sich der Kurfürst von der Pfalz mit 230,000 Reichs= thalern erkaufen ließ: so sagte von den Ministern zu Wien Ludwig selbst, daß bei ihnen durch golbene Ketten Alles zu erlangen sei. Zu dem frechsten Treiben aber, zu einem wahrhaft landesverrätherischen Spiele, gaben sich die drei brüderlichen Fürsten von Fürstenberg her: Franz Egon, Bischof von Straßburg; Hermann, Oberhofmeister des Kurfürsten von Bayern;

und Wilhelm, geheimer Rath des Kurfürsten von Köln. Ihre ganze Sippschaft wurde vom deutschen Volke die „Egonisten" genannt, und alle patriotischen Mahnrufe warnten vor ihnen als „falschen Propheten". Das eigentliche Raubsystem Ludwigs XIV. begann, als er nach dem Tode Philipps IV. von Spanien, seines Schwiegervaters, widerrechtlicher und gewaltsamer Weise die spanischen Niederlande und die Freigrafschaft Burgund, das alte Lehen des deutschen Reiches, plötzlich überfiel und in Besitz nahm. Deutschland und Spanien ließen sich diesen Raub ruhig gefallen. Denn obwohl der „Rheinbund" gerade jetzt sein Ende fand: so hatte doch Frankreich durch die eben bezeichneten Anzettelungen genügend für neue Spaltungen und Uneinigkeiten gesorgt. Nur England, Holland und Schweden ergriffen die Waffen; allein der rasch herbeigeführte Aachener Friede sanctionirte 1668 einen Theil des Raubes und bestärkte dergestalt Frankreich in der Politik rücksichtsloser dictatorischer Willkür. Das einzige Recht, das Ludwig XIV. fortan noch anerkannte, war das Recht der Stärke und des Erfolges.

Die Welt und das Reich lagen wieder mitten im Frieden, als sie durch die neue Schreckenskunde überrascht wurden: die Franzosen hätten das Herzogthum Lothringen in Besitz genommen. Den Vorwand dazu boten die Unterhandlungen, die der Herzog Behufs eines Defensivbünd= nisses mit der Republik Holland und dem Kaiser pflog. Ein nächtlicher Ueberfall des Cavalleriegenerals Fourille am 25. August 1670, in der Absicht, den Herzog gefangen zu nehmen, mißlang. Der Herzog entfloh. Darauf aber brach der Marschall Crequi mit seiner Armee über die Gren= zen, überrumpelte am 1. September die Hauptstadt Nanzig, plünderte das Schloß und überschwemmte das ganze Land, laut und frech verkündend: daß der König von Frankreich dasselbe fortan unter seinen „Schutz" nehme. Eine französische Note zeigte dem deutschen Reichstage diese Heldenthat mit dem Bemerken an: daß der König diesen Gewaltschritt „gezwungen" vollführe; er hoffe, man werde ihn billigen. Das geschah nun zwar nicht; vielmehr forderten Kaiser und Reich die Herausgabe Lothringens. Sie erhielten aber die unverschämte Antwort: das Land sei Eigenthum der Krone Frankreich. Darüber gerieth der deutsche Patriotismus doch einigermaßen in Bewegung. An die Mitglieder des Reichstags wurde ein Aufruf vertheilt, des Inhalts: „Erwacht ihr deutschen Fürsten! schon habt ihr den Franzosen in der Nähe; nachdem er Lothringen weggenom= men, steht ihm der Weg zum Rheine offen. Erwacht, und ergreift die Waffen! damit ihr den Franzosen nicht zum Gespötte werdet. Hütet euch

vor den falschen Propheten, den Egonisten! und wählet, ob ihr lieber Adler
sein wollet unter dem Adler, oder Hühner mit dem Hahn!" Allein die
Fürsten erwachten nicht, d. h. sie ergriffen nicht die Waffen; sie begnügten
sich vielmehr mit der Rolle der Vermittlung, die keinen andern Erfolg
hatte, als daß der Räuber seinen Raub behielt.

Inzwischen machte Ludwig XIV., während seine Kundgebungen „an
den deutschen Fürstenhöfen" von Friedensversicherungen überquollen, ge=
waltige Rüstungen zu einem Rachekriege gegen die Republik Holland
(1672—1678). Es war auf nichts Geringeres als auf die Vertilgung
derselben abgesehen; deshalb bot er alles auf, um Deutschland in Un=
thätigkeit zu versetzen, wo nicht gar zur Cooperation zu vermögen. Und
in der That, trotz des Raubes von Lothringen gelang es ihm, auch jetzt
noch die Reichsfürsten in ihrer thörichten Verblendung und auf ihren ver=
kehrten Wegen zu erhalten. Durch täuschende Worte, durch Intriguen und
durch Gold hielt er sie wenigstens Anfangs im Schach oder lockte sie auf
seine Seite hinüber. Den Kaiser, Sachsen, Bayern und Mainz wußte er
zur Neutralität, — Köln aber, sowie Münster, Hannover und Osnabrück
sogar zur Allianz zu bestimmen. Das Beispiel wirkte, und immer mehr
Reichsfürsten schlossen sich theils der Neutralität, theils der französischen
Allianz an. Außer diesen deutschen Alliirten standen auch England und
Schweden beim Ausbruch des Krieges Frankreich zur Seite; während die
hintergangene und überraschte Republik sich völlig isolirt sah. Aber glück=
licherweise nur einen Augenblick.

Denn der große Kurfürst von Brandenburg, der die „Gefahren" er=
kannte, welche der Untergang der Niederlande für Deutschland, ja für
„ganz Europa" nach sich ziehen müsse, ergriff sofort offen Partei für sie
und gegen Frankreich. Vergeblich blieben bei ihm alle Ueberredungskünste
der französischen Diplomatie; vergeblich lockte man ihn durch die Zu=
sicherung eines bedeutenden Ländergewinns und Beuteantheils, indem
man ihm die Provinzen Geldern und Zütphen anbot. Mit Verachtung
wies Friedrich Wilhelm alle diese und ähnliche Anträge Frankreichs ab,
verbündete sich ohne Zögern und Zagen mit der kleinen verlassenen Re=
publik, und ruhte nicht eher, als bis er zu ihren Gunsten eine Coalition
mit dem Kaiser, dem Reich und Spanien zu Stande gebracht. Seine
Opferwilligkeit und Thatkraft waren unermüdlich. Wir erinnern nur
daran, wie er treulich im Elsaß aushielt, während die Schweden seine
Marken überzogen und schmählich darin hausten; wie er später, von Franken
her, dem Sturmwind gleich über sie hereinbrach, sie in ununterbrochenem

Siegeszuge zur Bewunderung der deutschen Nation vor sich hertrieb, und das ganze nördliche Deutschland von ihnen befreite. Mit Recht durfte er hoffen, daß es den Schweden nie wieder gestattet sein werde, als Herren dahin zurückzukehren; mit Recht durfte er erwarten, daß Kaiser und Reich nunmehr mit ihm ihre Anstrengungen verdoppeln würden, um Frankreich gleich wie Schweden in seine Schranken zurückzuweisen.

Da erfolgte ohne sein Wissen der unglückselige Friedensschluß zu Nimwegen im Febr. 1679. Derselbe war überaus schimpflich für Deutschland, und nur für Deutschland. Während Holland nicht eine Scholle Landes und keinen Titel an seiner Ehre verlor: wußte Frankreich von dem Kaiser, der auch im Namen des Reiches unterhandelte, die demüthigendsten und unbedachtesten Zugeständnisse zu erlangen. Die deutschen Schleppträger und Agenten Frankreichs, die Fürsten von Fürstenberg, welche die Stimme Deutschlands verurtheilt und beseitigt hatte, mußten in alle ihre Besitzungen und Rechte wieder eingesetzt werden. Für das Schutz- und Besatzungsrecht in Philippsburg tauschte Frankreich die weit wichtigere Stadt Freiburg und Umgegend mit dem Recht des freien Durchzugs durch das Reichsgebiet ein. Die Ueberreste des burgundischen Kreises in der Freigrafschaft wurden ohne Weiteres preis gegeben. In Bezug auf die Restitution des Herzogs von Lothringen ließ man sich zu so durchaus unerträglichen Bedingungen herbei — namentlich sollte Nanzig selbst bei Frankreich verbleiben —, daß, wie vorauszusehen war, der Herzog dagegen protestirte, und demnach sein ganzes Land nach wie vor in den Händen des Räubers blieb. Der Gipfel aller Schmach aber war, daß die durch den großen Kurfürsten von Brandenburg unter ungeheuren Opfern aus Deutschland vertriebenen Schweden mit Einem Federzuge in ihre alte Herrschaft über Norddeutschland wieder hergestellt wurden, die ihnen in Folge dessen zum Theil bis in unser Jahrhundert verblieb. Eifersucht gegen das aufstrebende Brandenburg war hierbei leider wesentlich im Spiele; sarkastisch genug hatte Hocher, der kaiserliche Minister, geäußert: „es gefalle dem Kaiser nicht, daß sich ein neuer König der Vandalen an der Ostsee erheben wolle." Das Entsetzen in Deutschland war allgemein; aber vergeblich blieben alle Klagen und Beschwerden über die für unmöglich gehaltene selbstwillige Wiederherstellung des Joches der Fremden; vergebens warf man dem Kaiser vor, daß er die Vollmacht des Reiches mißbraucht; vergebens machte eine Anzahl von Fürsten sogar Miene zum Widerstand; vergebens auch protestirte der Kurfürst von Brandenburg. Am Ende sah sich doch auch dieser in seiner Isolirung zu dem beistimmenden Friedensschlusse mit

Frankreich im Juni 1679 genöthigt; unwillig unterschrieb er ihn, mit den
Worten Virgil's sich Luft machend: Exoriare aliquis nostris ex ossibus
ultor (Möge aus meinen Gebeinen ein Rächer erstehen)! Auch Kaiser
Leopold fühlte das Schimpfliche dieser Verträge; nur daß er gottergebener
seufzte: „Gottes Hand, auch wenn sie züchtige, müsse man küssen." Seine
ungarischen Angelegenheiten hatten ihn den deutschen Interessen ent-
fremdet.

Die Consequenzen blieben nicht aus. Die Zeiten, die unmittelbar
auf den Nimweger Frieden folgten, sind die schmachvollsten, die Europa,
die Deutschland und Oesterreich jemals erlebt. Denn die räuberische
Politik Frankreichs hatte nur eine neue Sanction und damit nur einen
neuen Sporn empfangen.

Wiederum lag die Welt im tiefsten Frieden, als Ludwig XIV. das
Handwerk des Länderraubens ohne Kriegserklärung zu einem
vollkommenen System ausbildete, und dieses System plötzlich auf die aus-
gedehnteste Weise in Anwendung brachte. Und dabei war sein Haupt-
augenmerk die Wegnahme aller im Elsaß noch bestehenden freien Reichsstände, zumal aber der freien Reichsstadt Straßburg.

Zu den Unüberlegtheiten des Nimweger Friedens hatte auch die gehört, daß man zwar den Münster'schen Frieden in allgemeinen Ausdrücken
bestätigte, aber ohne auch nur mit einer Sylbe der langjährigen und immer
noch obschwebenden Differenzen über das Verhältniß der unmittelbaren
Reichsstände und Reichsstädte des Elsaßes zu gedenken, obwohl dieselben
seither nur immer härter bedrängt worden waren. Namentlich hatten die
zehn Landvogtei-Städte die ärgsten Mißhandlungen und eine völlige Umwandlung erlitten; 1672 waren sie gewaltsam besetzt, ihre Festungswerke,
Wälle und Mauern geschleift, und sie dergestalt sämmtlich zu offenen Orten
gemacht worden, freilich immer unter Betheuerungen: daß dies „ihrer
Freiheit nichts nehmen" solle; 1677 aber wurde ein Theil derselben auf
Befehl von Paris her so scheußlich verwüstet und eingeäschert, daß selbst
General Montclar ausrief: die Herren in Paris müßten „vom bösen Geist
besessen" sein. Dennoch war zu Nimwegen das Schicksal dieser Reichsstädte
völlig unberücksichtigt geblieben. Und ebensowenig hatte das dringende
Verlangen Straßburgs, daß seiner reichsunmittelbaren Stellung neuerdings eine specielle Anerkennung zu Theil werde, Gehör gefunden; es
mußte sich in seiner deutschen nationalen Gesinnung — wie das Bürger-
thum überhaupt — treu ausharrend, mit der summarischen Bestätigung
des Münster'schen Friedens begnügen, der, wie wir sahen, im §. 87 aller-

dings „die Stadt Straßburg" ausdrücklich und in jeder Beziehung von den Abtretungen ausgenommen hatte. So kam es denn, daß das Schwei= gen des Nimweger Friedens über die bisherigen Streitfragen von der sophistischen Politik Frankreichs als eine stillschweigende Anerkennung sei= ner Verdrehungen der Münster'schen Verträge und seiner vertragswidrigen Uebergriffe im Elsaß gedeutet wurde. Um so natürlicher waren die bangen Ahnungen, die das Elsaß bewegten. Zwar hatte noch im Jahre 1678 der französische Resident in Straßburg, Herr von Laloubère, den geäng= stigten Behörden der Stadt die Versicherung gegeben: sein König „denke nur an Vertheidigung; er wolle keine Eroberung machen, noch Jemandes Rechten und Freiheiten zu nahe treten." Allein man traute den Worten nicht.

Dennoch sollten bald genug auch die bangsten Ahnungen noch über= troffen werden. Nicht nur wurde, entgegen den Verträgen von 1679, eine Reihe occupirter Plätze von den Franzosen nicht geräumt und mit Con= tributionen heimgesucht; nicht nur wurden die zehn Landvogtei=Städte jetzt durch Militärgewalt gezwungen, dem König von Frankreich den „Eid der Treue" zu schwören und das kaiserliche Reichswappen zu beseitigen, sondern unverholen gab auch die französische Regierung die Absicht kund, das gesammte Elsaß ein für allemal völlig vom deutschen Reiche loszu= trennen. Nunmehr wurde die freche Behauptung aufgestellt: „dem König von Frankreich gebühre die volle Souveränetät über die im West= phälischen Frieden erworbenen Reichslande, und diese Souveränetät gehe so weit, daß er auch alle und jede Pertinenzen, die irgend ein= mal mit den erworbenen Territorien in Verbindung gestanden, zu= rückzufordern berechtigt sei." Nunmehr wurden auch, um den Räube= reien den Schein einer rechtlichen Procedur zu geben, die berüchtigten Reunionskammern errichtet, deren Aufgabe es war: die Archive zu durchstöbern und territoriale Ansprüche der Krone ausfindig zu machen, um dieselben dann durch sophistische Deductionen zu begründen und durch richterliche Aussprüche zu sanctioniren. Als Roland de Ravaux, Parla= mentsrath zu Metz, zuerst diesen Gedanken anregte, erblickte selbst Louvois darin nur Wahnwitz und Chimäre; indeß noch im Jahre 1679 wurde er zum leitenden Gedanken der französischen Eroberungspolitik erhoben. Als= bald erstanden nicht weniger als vier Reunionskammern: zu Metz, für Ermittlung von Ansprüchen und Dependenzen der drei lothringischen Bis= thümer; zu Besançon, in Betreff Burgunds; zu Dornick, wegen der spani= schen Niederlande; und zu Breisach, für das Elsaß.

Eine unübersehbare Reihe der perfidesten und infamsten Gewaltthaten war die Frucht dieses Beginnens. Die Kammer zu Metz nahm mehr denn 80 Lehen als Dependenzen der Bisthümer in Anspruch; und darunter nicht blos einzelne Städte und Districte, sondern ganze Grafschaften und Fürstenthümer wie Zweibrücken, Veldenz, Saarbrück und Sponheim; die Besitzer wurden wegen unterlassener Huldigung vorgeladen und, falls sie nicht er= schienen, ihrer Länder durch militärische Execution beraubt. Die Kammer zu Besançon becretirte namentlich die Einziehung der würtembergischen Grafschaft Mömpelgard, als einer Dependenz der Franche=Comté. Die Kammer zu Dornick nahm u. A. das ganze Herzogthum Luxemburg in Anspruch. Die Kammer zu Breisach endlich stellte im August 1680 das ganze geistliche und weltliche Vermögen des Elsaßes unter die Obergewalt des Königs von Frankreich, forderte die sämmtlichen Herrschaften des Landes auf, unverzüglich bem König ben Eid der Treue zu leisten und das französische Wappen anzuschlagen, und gebot überdieß, die letzte Entschei= dung im Gerichtsgange nirgend anders als bei ihr selber einzuholen. Zu= bem wurden auch die pfälzischen Gebiete Selz, Germersheim u. s. w. ohne Weiteres militärisch in Besitz genommen, mit der frechen Lüge: daß die Friedensschlüsse von 1648 und 1679 bem König bazu bas Recht gäben, und daß Niemand den Frieden so getreulich erfüllt habe wie er. End= lich im Januar 1681 maßte sich Ludwig XIV. auch den „Schutz" der reichsunmittelbaren Ritterschaft des untern Elsaßes an. Der verräthe= rische Bischof von Straßburg, jener verrufene Franz Egon von Fürsten= berg, der gleich seinem Bruder Wilhelm fortwährend mit Ludwig XIV. einen geheimen Briefwechsel unterhielt und sich nicht schämte, von dem Reichsfeinde eine jährliche Pension von 60,000 Livres als Verräthersold anzunehmen, war schon zuvor der Aufforderung zur Unterwerfung mit seinem Stifte bereitwilligst entgegengekommen. Sein Beispiel hatte unter den Ständen und dem Adel immer zahlreichere Nachfolge gefunden; und auch der Herzog von Würtemberg hatte im December 1680 ben Huldigungs= eid mit dem Gelöbniß „unbebingter Ergebenheit" geleistet. Die bictatori= schen Forderungen Frankreichs wurden aber auch — zu kräftigerem Nach= druck — stets mit der Drohung begleitet, daß jede Widersetzlichkeit als Re= bellion geahndet werden würde; sowie mit der Lockung, die Gehorsamen im Genusse ihrer Rechte, Privilegien und Gewohnheiten erhalten zu wollen. Eine beträchtliche Armee unter Crequi stand jederzeit auf dem Sprunge, nach allen Richtungen hin die Execution zu vollziehen.

Mit starrem Erstaunen und wahrhaftem Entsetzen vernahm man in

Deutschland und in ganz Europa die Kunde dieser unerhörten Vorgänge. Der Widersinn der französischen Prätensionen war so einleuchtend, daß man überall sich sagte: auf diese Weise könne Frankreich am Ende ohne Schwertstreich ganz Deutschland, ja ganz Europa caffiren. „Doch nein!" warf man wieder spöttisch ein, „wenn denn doch so durchaus auf die ersten Anfänge zurückgegangen werden solle, dann müsse umgekehrt ganz Frank= reich wieder dem römischen Reiche einverleibt werden."

An ein rasches und energisches Entgegentreten war indeß nicht zu denken. Kaiser und Reich entschlossen sich allerdings schon im Februar 1680 zu „Gegenvorstellungen" in Paris; der König sollte „ersucht" wer= den: „auf den Westphälischen Frieden Rücksicht zu nehmen und nicht wider den klaren Buchstaben desselben so viele Reichsstände zu beschweren, vielmehr die früher beliebte Entscheidung der Sache durch Schiedsrichter stattfinden zu lassen und inzwischen alle Thätlich= keiten einzustellen." Allein der französische Gesandte in Wien wollte mit der Sache nichts zu schaffen haben, und so sandte der Kaiser den Grafen von Mansfeld in außerordentlicher Mission nach Paris. Hier mußte man die Angelegenheit bestens in die Länge zu ziehen, während die gewalt= thätigen Operationen rasch ihren Fortgang nahmen. Die dadurch ver= mehrten Klagen beim Reichstage bestimmten diesen endlich im Juli zur Absendung eines ausführlichen Memorandums, wobei indeß vor allem die ausgesprochene Absicht zu Grunde lag: den französischen König „nicht zu reizen", sondern ihm nur die Eingriffe seiner Beamten vorzustellen. Als juristische Deduction ließ denn auch die Denkschrift nichts zu wünschen übrig. Sie hob namentlich sehr richtig hervor, daß doch unter „Depen= denzen" niemals die Besitzungen „unmittelbarer Reichsstände" verstanden werden könnten, da ja jeder Reichsstand „für sich selbst bestehe"; bei dem französischen Verfahren müßten die Besitzungen und Herrschaften „der ganzen Welt" unsicher werden; man überlasse es daher dem „Urtheil des Königs und des ganzen Europa", ob ein solches Verfahren „statthaben könne". Doch wie mochte man sich nur überreden, daß sich mit „Rechts= gründen" gegen die schmählichen „Scheingründe" der französischen Politik noch etwas ausrichten lasse!

Die französische Antwort im October, sowie die dem Kurfürsten von der Pfalz ertheilte, war denn auch sehr hochmüthig, scheinbar gereizt und reich an sophistischen Lügen. Der König habe schon „Geduld" genug gegen die anzüglichen „öffentlichen Schriften" bewiesen; der Reichstag würde wohl gethan haben, die „seinige zu unterlassen" und sich besser zu unter=

richten; zu Nimwegen sei der „Vergleich" getroffen worden, daß „das
ganze Elsaß (Verdrehung für: die ganze Landgraffschaft Elsaß) sammt
Dependenzen der Krone Frankreich verbleiben solle"; alles was der König
in Besitz genommen „gehöre ihm so rechtmäßig, daß Niemand darüber einen
Zweifel haben könne"; er habe seinerseits „alle Verbindlichkeiten des Friedens glücklich erfüllt"; die Reichsstände sollten denn auch ihrerseits, statt
„Streit und Zank zu wecken, vielmehr Denjenigen Stillschweigen auferle-
gen, die durch dergleichen Klagen das Band der Freundschaft trennen
wollten"; auch sei „schon seine Geduld" in Ertragung der bisherigen lei-
denschaftlichen Angriffe ein „überzeugender Beweis" seiner übermäßigen
Neigung, die Ruhe zu schützen und zu handhaben."

Die Unwahrheit dieser Behauptungen war so einleuchtend, daß „alle
Hände hätten zu den Waffen greifen müssen", um eine „so freche Verletzung aller Treue und aller Verträge" gebührendermaßen zu beantworten.
Der Reichstag ließ es indessen bei „halben Maßregeln" bewenden; einerseits suchte er im Februar 1681 seine „Vorstellungen" nochmals auf diplo-
matischem Wege zu rechtfertigen; andererseits machte er Miene, eine
„Reichsdefensionalverfassung" in Berathung zu ziehen. Immerhin wirkte
dieser letztere Umstand mehr wie der erstere. Frankreich machte jetzt den
Vorschlag zu einem „Congresse" in Frankfurt, um alle Streitigkeiten
auszugleichen; jedoch mit dem unverschämten Vorbehalt, das Reunions-
verfahren erst mit der wirklichen Eröffnung des Congresses einzustellen. Die französische Politik beabsichtigte hierdurch, für weitere Reunionen noch bedeutend an Zeit und Spielraum zu gewinnen. Und sie täuschte
sich nicht.

Der Reichstag zu Regensburg, der ohne vieles Bedenken auf den
Congreßvorschlag einging, fand über den „modus tractandi" so vielerlei
zu berathen und berieth das Unwichtigste mit solcher Wichtigkeit, daß an
Uebereilung nicht zu denken war. Da gab es zu erwägen: ob die kurfürstlichen Gesandten Excellenzen heißen, bei den Gastmählern des kaiserlichen
Commissarius auf roth ausgeschlagenen Stühlen und Fußteppichen sitzen,
von Edelknaben bedient sein und mit golbenen Messern und Gabeln essen
sollten, während die fürstlichen sich mit grünen Stühlen ohne Teppich, mit
Lakaien und silbernen Gabeln zu begnügen hätten; ferner ob am Pfingst-
tage der Reichsprofoß die kurfürstlichen Gesandten mit sechs, die fürstlichen
nur mit vier Maien zu beehren habe, und Aehnliches mehr.

Und als endlich der für den Congreß festgesetzte Eröffnungstermin,
der 31. Juli 1681, eintrat: da fanden es einerseits die französischen

Abgeordneten angemessen, statt sich einzufinden, lieber in Höchst liegen zu bleiben; während andererseits die kaiserlichen und Reichsdeputationen in Frankfurt die Muße sehr nöthig zu haben schienen, um mit Erfolg einen neuen Wust ceremonieller Präliminarfragen zu erledigen. Mit wahrhaft lächerlichem Eifer stritt man denn in dieser Zeit der schmachvollsten Bedrängniß des Vaterlandes über Rang und Titel, über die Form der Sitze und Tische, ob man an einem oder an mehreren Tischen, ob im Cirkel, Oval oder Quadrat sitzen wolle, und in welcher Ordnung die Stimmen gesammelt werden sollten; ferner ob nur die Kurfürsten an allen Verhandlungen Theil zu nehmen hätten, ob und bei welchen dagegen die Fürsten oder die Reichsstädte und die Ritterschaft auszuschließen seien; dann über die Reihenfolge der Plätze, welche die Gesandten in den verschiedenen Sitzungen, mit und ohne Theilnahme der Franzosen, an den Sitzungstischen einnehmen sollten; endlich ob nach dem bisherigen Brauche die Verhandlungen in lateinischer oder, worauf die Franzosen mit berechnendem Eigensinn bestanden, in französischer Sprache zu führen seien. Alle diese Streitigkeiten ballten sich zu einem so unentwirrbaren Knäuel, daß der Reichstag selbst sich veranlaßt sah, am 18. August darüber ein Gutachten abzugeben, und daß noch unterm 10. September deshalb ein kaiserliches Commissionsdecret erging, worin ein doppeltes Schema für die Plätze aufgestellt und die Hoffnung ausgedrückt war: die Sessionen würden darnach eingerichtet werden, „damit die allerhöchst kaiserliche Präminenz observiret und allen Difficultäten, welche die französische Gesandtschaft obmoviren könnte, vorgebaut werden möge."

Während dergestalt der Frankfurter Congreß, gleichwie der Regensburger Reichstag mit den allerkleinlichsten Dingen die Zeit vergeudete, ging plötzlich die Botschaft von der allergrößten Missethat der Franzosen, von der frechsten aller Reunionen, von der Ueberrumpelung und dem Raube Straßburgs ein.

Dieser äußerste Gewaltstreich fand am 30. September 1681 statt. In Folge der Breisacher Decrete vom August 1680 waren auch vier zur Reichsstadt Straßburg gehörige Aemter von den Franzosen „reunirt" worden. Auf ihre Klagen darüber, unter Berufung auf ihre Reichsunmittelbarkeit, erhielt die Stadt von dem Kammerpräsidenten die Antwort: daß es auf ihre Reichsunmittelbarkeit durchaus nicht abgesehen sei, und daß er sich „wohl hüten werde, gegen die Stadt ein Gleiches vorzunehmen"; die Aemter aber hätten unweigerlich dem König „den Eid der Treue zu schwören." Die Stadt war bestürzt; alle weiteren Schritte

blieben erfolglos; ihre mehr als vier Jahrhunderte hindurch „mit Liebe
und Aufopferung behauptete Unabhängigkeit" war augenfällig bedroht.
Seit dem Nimweger Frieden hatte sie, statt des erbetenen Schutzes, von
dem Kaiser nur die Versicherung „inniger Theilnahme", und von dem
Reichstage nur eine unbedeutende Geldhülfe erhalten. Auch jetzt stieß ihr
angstvoller Bericht in Wien Anfangs auf Unglauben, dann auf „bloße
Vertröstungen"; erst als die Anzeichen und Warnungen sich mehrten, wurde
am kaiserlichen Hofe beschlossen, ein Corps von 6000 Mann nach Straßburg zu legen; allein der Beschluß blieb unausgeführt, weil sich der Ausführung allerhand Schwierigkeiten und Bedenken entgegenstellten.

Nun verstrichen bange Monate. Der neue französische Resident in
Straßburg, der junge Fritschmann, hatte zwar auch seinerseits eine Vollmacht überreicht, in der ausdrücklich die „Reichsunmittelbarkeit der Stadt
anerkannt" und die Versicherung enthalten war, daß der König nichts Anderes begehre als „in ein durchaus freundliches Verhältniß mit ihr zu
treten." Das klang allerdings beruhigend, und der Rath versäumte auch
nicht, sich der französischen Regierung, namentlich durch Zerstörung des
Kehler Brückenkopfes im Februar 1681 und durch Verabschiedung der
schweizerischen Soldtruppen, gefällig zu erweisen. Nichtsdestoweniger regte
sich das Mißtrauen immer stärker, da von allen Seiten Warnungsbriefe
einliefen. Louvois hatte in der That keine Mühe, seinen Monarchen zu
überreden, daß Straßburg im Grunde „um nichts privilegirter sei als die
zehn Landvogteistädte", und wegen des Besitzes jener vier Aemter sich „nicht
weigern könne", auch seinerseits ihm den Eid zu leisten; widerstrebe es,
so müsse man es mit Waffengewalt dazu zwingen. Allmälig und in ge-
heimnißvoller Weise wurden immer mehr Truppen um Straßburg ange-
häuft, und zugleich in der Stadt selbst verrätherische Verbindungen angeknüpft. Die Uneinigkeit und gegenseitige Eifersucht der fünf Rathsherren
kam diesen Umtrieben zu Statten. Der Stadtrichter von Zedliz, der
Rathsschreiber Günzer und der Senator Stößer zeigten sich den französischen Ueberredungskünsten am zugänglichsten. Die Befürchtung, daß vom
deutschen Vaterlande keine rettende That zu hoffen und die Stadt jedem
arglistigen Anschlage des Pariser Cabinets hülflos preis gegeben sei,
mochte nicht wenig zur Corrumpirung mancher einflußreichen Persönlich-
keit beitragen. Bei Weitem die Mehrzahl der Bürger bewahrte aber eine
echt deutsche Gesinnung, sah in den Franzosen nur Feinde des Vaterlandes
und Unterdrücker der Freiheit, und war unter allen Umständen zu den
größten Opfern für die Erhaltung ihrer Unabhängigkeit bereit. Der

gefährlichste Feind dieser letzteren war ohne Zweifel der Bischof von Straß=
burg, Egon von Fürstenberg, der von seiner unfreiwilligen Residenz
Zabern her lüstern nach dem verlorenen Paradiese des Straßburger Mün=
sters und der Gewissensherrschaft über die Straßburger Bevölkerung aus=
schaute und, um dieses Paradies — das seit der Reformation in ein Haupt=
bollwerk des Protestantismus verwandelt worden — sich und der katholi=
schen Kirche wiederzugewinnen, fort und fort mit dem allerchristlichsten König
von Frankreich landesverrätherische Intriguen spann.

Die militärischen Rüstungen in Frankreich, die ein wahrhafter Hohn
auf die Friedensmission des Frankfurter Congresses waren, blieben trotz
ihrer Heimlichkeit und trotz ihrer Ableugnung keineswegs unbeachtet. Die
dem Elsaß zunächst gelegenen Reichsstände geriethen in Bewegung, ganz
Schwaben wurde alarmirt, Einzelne wie der Graf von Durlach trafen
Vorkehrungen zur Kriegsbereitschaft, hoben Mannschaften aus, verstärkten
ihre Festungen u. s. w. Aber der Congreß in Frankfurt, der Reichstag in
Regensburg und der kaiserliche Hof in Wien blieben ruhig. Die französi=
schen Gesandten allüberall erhielten den Befehl, sich mit möglichster Vor=
sicht zu äußern, alle kriegerischen Intentionen in Abrede zu stellen, und
von Versicherungen der Friedensliebe und der Freundschaft überzufließen.

Indessen waren alle Vorbereitungen des Gewaltactes gereift, alle
nöthigen Befehle zu rascher und kräftiger Ausführung erlassen, ein recht=
zeitiges Ineinandergreifen aller cooperirenden Factoren verabredet wor=
den. Vauban, unter dem Vorwand einer Reise nach Italien, ging im
strengsten Incognito auf Seitenwegen, jedes Aufsehen und alle großen
Städte meidend, nach dem Elsaß ab; General Montclar zog am 27. Sep=
tember, unter dem Vorwand einer Musterung, in der Nähe von Straß=
burg 30,000 bis 35,000 Mann zusammen; Louvois reiste am 25., unter
dem Vorwand eines Aufenthaltes in Meudon, von Fontainebleau ab, um
am 29. im Lager einzutreffen. Aber auch der König selbst setzte sich in
Bewegung. Am 27. erklärte Ludwig XIV. seinem Hofe: er werde nach
Straßburg gehen, um die Huldigung zu empfangen, welche ihm die Stadt
kraft des Nimwegischen Friedens schuldig sei. Unterm 29. erging an die
französischen Gesandten in Deutschland die Weisung, dem Reichstag und
den Höfen zu erklären: die Expedition geschehe „um den Ausspruch des
zu Breisach niedergesetzten souveränen Gerichtes zu vollstrecken, d. h. um
den Eid der Treue zu empfangen, den die Stadt den Friedensschlüssen
von Münster und Nimwegen zufolge dem König schuldig sei." Dabei
sollten sie versichern: daß es „sein aufrichtiges Bestreben sei, mit den

Ständen des Reichs in anhaltend gutem Vernehmen zu bleiben", und
daß er „durchaus nicht beabsichtige, die Waffen jenseits des Rheines
hinüberzutragen."

Wie der Dieb in der Nacht schlichen sich die Räuber an ihre Beute
heran. In der Nacht vom 27. zum 28. September fiel der französische
Oberst von Asfeld aus einem dicht benachbarten Gehölze, worin er sich
versteckt hatte, plötzlich über die Straßburger Zollschanze und über die
zerstörten Rheinschanzen her, machte nach einem geringen Scharmützel die
kleine Besatzung meist zu Gefangenen und besetzte alle Zugänge der Stadt.
Auf diese Kunde gerieth die Stadt in die äußerste Bestürzung, von allen
Thürmen ertönte die Sturmglocke, Bürgerschaft und Miliz eilten auf die
Wälle, überall wurden Kanonen aufgefahren. Der Magistrat fertigte
sogleich an den Kaiser eine Depesche ab, worin er um die „nöthige Hülfe"
und „Sorgfalt" bat, in einer „für die Ehre des ganzen Reiches so bedeut=
samen Angelegenheit", da man sich „von so ungerechtem Ueberfall keine
andere Vorstellung machen könne, als daß er das Vorspiel zu einem un=
heilvollen Anschlag auf die Stadt selbst" sei. Der französische Resident,
von der Bürgerschaft beargwöhnt und bedroht oder, wie er selbst sich aus=
drückte, „der Verwegenheit und Rachsucht der Canaille ausgesetzt",
wurde in seinem Hause streng bewacht und an jedem geheimen Verkehr
behindert; gegen das Attentat abmahnend einzuschreiten weigerte er sich,
nicht zweifelnd, daß am Ende „die Herren vom Rath, auch gegen den
Willen des Volkes, die Thore öffnen" würden. Der Rath, in der
äußersten Klemme und von den Regungen des allgemeinen Mißtrauens
selbst bedrängt und bedroht, war genöthigt, von sich aus mit den Führern
der französischen Truppen Unterhandlungen anzuknüpfen, für deren Erfolg
in allen Kirchen gebetet ward.

Diese Unterhandlungen waren höchst wundersamer Art. Zunächst
wandte man sich um Auskunft an Oberst Asfeld. Der erklärte: man „habe
erfahren, daß eine kaiserliche Armee über den Rhein setzen wolle; da
diese Gewaltthätigkeit den Rechten des Königs entgegen sei, so habe
man den möglichen Folgen zuvorkommen müssen. Die Besetzung des
Forts sei nur ein Act der Vorsicht von kurzer Dauer; die Straßburger
möchten sich darüber nicht in ihrer Ruhe stören lassen." Auf die
Vorstellung, daß „in einem Umkreis von mehr als funfzig Stunden" nicht
ein einziger kaiserlicher Soldat zu finden sei, erwiederte der Oberst: er
habe nur „die ihm gewordenen Befehle zu vollstrecken"; man „möge sich
an General Montclar wenden."

Damit begann, am Abend des 28., das zweite Stadium. Montclar rückte schon deutlicher mit der Sprache, d. h. mit der Perfidie der Lüge und der Anmaßung hervor: „die Stadt sei durch den Westphälischen Frieden dem König überlassen worden, und der Nimwegische habe ihm das Recht an dieselbe bestätigt; obgleich der Monarch bis dahin nicht für zweckmäßig erachtet hätte, dasselbe geltend zu machen, so sei es doch jetzt seinem Interesse gemäß es zu thun, da er die unvorher= gesehene Nachricht erhalten, daß kaiserliche Truppen in die Stadt und die Rheinpässe verlegt werden sollten; überdies habe die Reunions= kammer zu Breisach dem König die Souveränetät über das ganze Elsaß zuerkannt, und dazu gehöre auch Straßburg." Hierauf verlangte er: „die Stadt solle sofort den König von Frankreich als Oberherrn anerken= nen, eine Besatzung aufnehmen und dadurch den Schutz Sr. Majestät erlangen; durch Unterwerfung werde sie ihre Rechte und Verfassung erhalten, durch Widerstand aber sich dem Fall aussetzen, als feindlich und rebellisch behandelt zu werden." Die Abgeordneten appellirten an den Wortlaut des Münster'schen Friedens und an die Thatsache, daß die Stadt auch seitdem „jederzeit als souveräne Herrschaft mit Frankreich tractirt habe." Und nun erklärte auch der General wieder: „er habe nur die ihm gegebenen Befehle auszuführen", und wies sie an den Minister Louvois, der „am folgenden Tage anlangen werde."

So trat denn mit dem 29. das dritte Stadium ein. Louvois sprach zu den Abgeordneten der Stadt im Wesentlichen wie Montclar, nur noch bündiger und derber; und auf die erneuten Gegenvorstellungen stimmte auch er, nur in barscherer Weise, das alte Lied an: „er sei nur gekommen, um den Willen seines Königs und Herrn zu vollziehen, nicht aber um Unterhandlungen zu pflegen; sie hätten Zeit genug zum Nach= denken gehabt; bis sieben Uhr Abends müßte die bejahende Antwort erfol= gen, wo nicht — so würde die Stadt als Rebellin behandelt, erobert und ohne Schonung der Verwüstung preis gegeben werden."

Nun war guter Rath theuer. Die Stadt, von 40,000 Franzosen um= lagert, konnte von keiner Seite her, am wenigsten von Kaiser und Reich, eine rechtzeitige Hülfe erwarten; jede Communication über die Mauern wie durch die Thore und Ausgänge war ihr dergestalt abgeschnitten, daß selbst der erhoffte Zuzug der Landbewohner eine Unmöglichkeit ward. Alle Hülferufe, die man in Gestalt von Depeschen an den Frankfurter Congreß, den Regensburger Reichstag u. s. w. entsandte, wurden von den Fran= zosen aufgefangen. Die eigene Wehrkraft der Stadt, nachdem sie auf

Verlangen Frankreichs die Schweizer abgedankt, war äußerst gering. Es waren nicht weniger als 14 Bastionen zu vertheidigen; und doch bestand die Miliz nur aus 800 Mann, wovon kaum 500 kriegstüchtig waren; die Bürgerschaft, zuvor schon durch Krankheiten gelichtet und gerade damals durch ein hitziges Fieber heimgesucht, das namentlich unter den Männern von 20 bis 40 Jahren wüthete, vermochte höchstens 3000 Waffenfähige aufzustellen. Unter solchen Umständen glaubte der Rath „kein anderes Mittel" zu sehen, als sich „dem Willen Gottes zu unterwerfen und die Bedingungen anzunehmen." Die französischen Zumuthungen wurden den 300 Schöffen und den Zunftältesten, dann der Bürgerschaft mitgetheilt. Diese trat zur Berathung in ihren Zünften und Gilden zusammen; von ihrem Ausgang hing die Entscheidung ab. Daher entfaltete jetzt der kaiser= liche Resident, Freiherr von Neveu, eine ungemeine Thätigkeit, um überall den Muth zum Widerstande anzuspornen; und obwohl seine Verkündung naher Reichshülfe allerdings wenig Glauben fand: so war doch die Mehr= zahl der Bewohner zu kräftiger Ausbauer so lange bereit, bis sie sich vom Verrathe überrascht, umgarnt und gefangen sah. Diesen Verrath stellt zwar Strobel in Abrede; aber er vermag doch z. B. nicht zu läugnen, daß Günter, der die Unterhandlungen vorzugsweise leitete, von Louvois ein Geschenk von 50,000 Gulden erhalten hatte.

Schon um 5 Uhr Abends am 29. September hatte sich im Rathe die Mehrheit für Unterwerfung erklärt. Der französische Resident wurde von diesem Entschlusse alsbald unterrichtet und Louvois, der wohlweislich die Bedenkzeit schon bis zum Morgen des folgenden Tages verlängert hatte, um Verzug bis zum Mittag des 30. vom Rathe angegangen, weil — wie es in dem Gesuche hieß — „unsere demokratische Regierungsform nicht gestattet, einen so folgereichen Beschluß ohne Theilnahme der ganzen Bürgerschaft zu fassen, welche wir übrigens unserer, Ew. Excellenz bekannten Gesinnung günstig zu stimmen, alle Anstrengun= gen aufbieten werden." So fiel denn am Vormittag des 30. die Ent= scheidung. Die Bürgerschaft, die rath= und führerlos dastand, der jede Hoffnung auf äußere Hülfe fern lag oder geflissentlich ausgeredet ward, fügte sich am Ende, wenn auch wider Willen und mürrisch oder ergrimmt; nur die Schneiderinnung verwarf jeden Vergleich und wollte sich bis zum Tode vertheidigen.

Gemäß der Capitulation, welche die Uebergabe der Stadt und damit den Verlust ihrer bisherigen Unabhängigkeit sowie ihre Lostrennung vom deutschen Reiche sanctionirte, erkannte die „Stadt Straßburg" nach dem

„Beispiele des Herrn Bischofs von Straßburg" den Beherrscher Frank=
reichs als „ihren souveränen König und Schutzherrn" an. Ihre
„sämmtlichen alten Privilegien, Rechte, Statuten und Gewohnheiten,
kirchliche wie politische", wurden zwar „bestätigt", aber ohne die
Absicht sich dadurch für gebunden zu erachten. Ebenso wurde zwar die
„freie Religionsübung, wie sie seit 1624 bestanden bei allen Kirchen und
Schulen", sowie die Zurückweisung aller „Ansprüche auf kirchliche Güter
und Stiftungen" zugestanden; aber von vornherein mit dem Vorbehalt,
daß das „Münster" sofort wieder „den Katholiken eingeräumt" werde.
Noch am Nachmittag des 30. September wurde die Stadt von 15,000
Franzosen besetzt und ohne Verzug der Bau einer — Citadelle und mehrerer
Kasernen in Angriff genommen. Am 3. October bestätigte Ludwig XIV.
zu Vitry die Capitulation, indem er „auf sein königliches Wort" gelobte,
daß dieselbe „buchstäblich solle befolgt werden." Am 4. ließ Montclar
den Rath der „königlichen" Stadt Straßburg „dem König, ihrem obersten
Herrn und Gebieter, Treue und Gehorsam" schwören, und geloben „nie
etwas zu thun noch zu erlauben, was gegen seine Dienste und Interessen
sei, und mit seinen Feinden kein verderbliches Einverständniß zu halten."
Die Eidesformel wurde nicht etwa in deutscher, sondern in französischer
und lateinischer Sprache vorgelesen. Am 12. mußte das Münster den
Katholiken übergeben werden. Der Bischof Egon von Fürstenberg hatte
diese Uebergabe und die Wiederverlegung der bischöflichen Residenz von
Zabern nach Straßburg beim König erwirkt, sowie endlich auch das außer=
ordentliche triumphatorische Gepränge seiner Rückkehr. Am 20. hielt er
unter Kanonendonner mit seiner gesammten Klerisei einen feierlichen Ein=
zug; Ehrenwachen mußten ihn eskortiren, die Obrigkeiten ihn beglück=
wünschen. Drei Tage später hielt der König selbst mit dem Pompe eines
Siegers seinen Einzug. Am Portal des Münsters begrüßte ihn am Morgen
des 24. der Bischof mit den Worten: „Nachdem ich durch den Arm Ew.
Majestät in den Besitz dieser Kirche wieder eingesetzt bin, aus welcher die
Gewaltthätigkeit der Ketzer meine Vorgänger vertrieben hat, kann ich
wohl mit dem alten Simeon sagen: Herr, nun lässest du deinen Diener in
Frieden fahren, denn meine Augen haben deinen Heiland gesehen." Er
schloß mit der Versicherung: „Nie werden wir aufhören, als die gehor=
samsten und treuesten Knechte und Unterthanen unsere Gebete gen Himmel
zu senden, daß es der Allmacht gefalle Ew. Majestät mit Glück und Segen
zu überströmen." Zum Danke erließ der König sofort den Befehl, daß
während seines Aufenthaltes „kein Protestant das Münster betreten dürfe."

Der Verräther Günzer wurde zur Belohnung oder, wie es ausdrücklich hieß, „in Betracht des großen Eifers für den königlichen Dienſt und das allgemeine Beſte der Stadt", den er „bei Gelegenheit der Unter= werfung der Stadt unter den Gehorſam des Königs bewieſen", zum könig= lichen Syndicus und Kanzleichef eingeſetzt. Wenige Monate ſpäter waren, nächſt der Citadelle und anderen Vertheidigungswerken, zwei kleine Feſtun= gen innerhalb der Stadt beendigt, deren unverholene „Beſtimmung" es war: „die Stadt im Gehorſam zu erhalten." Und zugleich erging an die Bürgerſchaft „wegen einiger freier Reden" der ſcharfe Befehl „ihre Gewehre abzuliefern."

Die Beſtürzung, welche der Raub Straßburgs mitten im Frieden überall im Reich und in Europa hervorrief, war ſo gewaltig, daß ſie kaum noch erhöht werden konnte durch die Kunde: am gleichen Tage, am 30. September 1681, hätten die Franzoſen auch in Oberitalien die zum Reichslehn Montferrat gehörige Feſtung Caſale beſetzt, auf Grund eines Abkommens mit dem Herzog von Mantua. Es mußte einleuchten, daß die Wegnahme Caſale's den franzöſiſchen Waffen ebenſo den Weg zur Herr= ſchaft über Italien bahnen ſollte, wie die Wegnahme Straßburgs den Weg zur Beherrſchung Deutſchlands.

Und nach ſolchen Gewaltthaten wagte dennoch Frankreich zu Regens= burg und zu Frankfurt die unverſchämte Erklärung abzugeben: „Wenn Kaiſer und Reich auf das bisher von Frankreich in Beſitz Genommene feierlich verzichte, ſo wolle der König von ſonſtiger Geltendmachung ſeiner Rechte, obwohl ſich dieſelben noch viel weiter erſtreckten, ab= ſtehen und ſich um des Friedens willen mit Straßburg und den bereits beſetzten Plätzen begnügen." Dabei war man bemüht, die Uebergabe Straßburgs als einen friedlichen und freiwilligen Act darzuſtellen, trotz des gewaltſamen Ueberfalls der Zollſchanze; die franzöſiſchen Diplomaten in Deutſchland erhielten von Louvois zu dem Ende die perfide Anweiſung: „auf die geeignetſte Weiſe den Verdacht rege zu machen, als wäre der An= griff auf die Redoute vorher mit der ſtädtiſchen Behörde verabredet worden, da dieſelbe einen Vorwand gewünſcht habe, um den gemeinen Pöbel zur Unterwerfung zu bewegen." Der Hauptfactor der Berechnung dem Reichs= tag gegenüber war indeß der Umſtand, daß es ſich um eine „vollbrachte Thatſache" handelte. „Alle Berathungen — ſchrieb Verjüs ſpöttiſch am 9. October aus Regensburg an Louvois — ſind unterbrochen; denn die Geſandten ſuchen Zeit zum Athemholen und machen ihrem Aerger Luft durch Worte — bis die Reſcripte vom Kaiſer kommen, die ich im Voraus

bei dem Stand der Dinge nicht für hitzig erachte, sowie die Verhaltungs=
befehle ihrer Herren, von denen ich hoffe, daß der größere Theil die Sachen
eben gehen lassen wird wie sie gehen ... Ich zweifle, daß die Beschlüsse
hier allzu schnell, noch allzu energisch sein werden; ich glaube vielmehr,
daß ein Ereigniß, welches drei große Provinzen oder, richtiger gesagt, das
ganze französische Reich gegen alle Feinde sicherstellt und fest
macht, während es drei hauptsächliche Provinzen des deutschen Reichs
den Waffen des Königs öffnet und preis giebt, geeigneter ist in
Deutschland ruhige Betrachtungen einzuflößen, als unbesonnene Entschlüsse
hervorzurufen."

Leider gingen die französischen Voraussetzungen im vollsten Maße in
Erfüllung; in Deutschland wurde räsonnirt, aber nichts gethan. Die
französischen Berichte selbst konnten nicht genug von dem allgemeinen
„Unwillen der Deutschen" melden; „alle Welt" sei „bestürzt", und „alle
Welt" sage: „Dies sei ein Wagenrad, worauf man in das Reich rollen
werde", und „jetzt sei die Thür zum Elsaß geschlossen." Es fehlte nicht
an den heftigsten Ausfällen der Satyre auf Ludwig XIV. Ein charakteri=
stisches Zeichen der öffentlichen Meinung war ein Epigramm von Hof=
mannswaldau, des Inhalts:

> Ihr Deutschen, saget doch zu euern Nachbarn nicht,
> Daß Frankreichs Ludwig den Frieden mit euch bricht,
> Indem er Straßburg nimmt. Er spricht: es ist erlogen;
> Ich hab' euch nicht betriegt, ich hab' euch nur betrogen.

Auch in Frankfurt und Regensburg kam man nicht über Worte hinaus.
Der Congreß, der bis zum Straßburger Attentate nicht um einen Schritt
vorwärts gekommen, gerieth nun vollends in Stagnation; seine Resultate
waren nur negativer Art; die Straßburger Frage beschloß man, nach
vielem Hin= und Herreden, im November — an den Reichstag zu über=
geben; aber auch im Uebrigen wurde die Thätigkeit des Congresses noch
bis in den März 1682 durch bloße Ceremoniellfragen gelähmt. Frankreich
und Oesterreich klagten sich darüber gegenseitig an, als ob jeder Theil
„nur Zeit zu Rüstungen gewinnen wolle." Am Ende zerschlugen sich die
Verhandlungen ganz, indem der französische Gesandte am 3. December
Frankfurt verließ.

Der Reichstag seinerseits hatte zwar den ganzen Sommer 1681 über
das „Reichsdefensionswesen" berathen und schließlich gutachtlich den An=
schlag zu einer Reichsarmee von 40,000 Mann aufgestellt. Aber erst
14 Tage nach dem Raube Straßburgs war das Gutachten vom Kaiser

bestätigt worden. Und dabei verblieb es denn auch; zu einer wirklichen Anstrengung, zu einer vergeltenden That, zu einer Bestrafung des Frevels vermochte man sich nicht zu ermannen. Die hauptsächlichste Hemmung ging von Wien aus.

Der Kaiser ließ sich fortwährend durch den Türkenkrieg in Ungarn von den deutschen Angelegenheiten abziehen. Wohl riethen ihm „alle eifrigen Vaterlandsfreunde", rasch mit der Pforte Frieden zu schließen und seine ganze Kraft gegen die Franzosen zu wenden. Allein die Jesuiten, die es durchaus als die wichtigste Aufgabe ansahen, auch in Ungarn wie anderwärts den Protestantismus auszurotten, und auch in diesem Lande wie zuvor schon in Böhmen ihre unumschränkte Herrschaft wiederherzustellen, widersetzten sich mit allen Mitteln und mit Erfolg diesen Rathschlägen.

Anbrerseits nahm diesmal aber auch der große Kurfürst von Branden= burg, der mächtigste unter den Reichsständen, den Forderungen des deutschen Patriotismus gegenüber eine abweisende Haltung an. Nicht daß er die Erbitterung über das Straßburger Attentat nicht in vollem Maße ge= theilt hätte! Aber einmal hatte sich in ihm noch nicht der tiefe Groll über den Schimpf des Nimweger Friedens gelegt, der ihn aus dem schwer und blutig errungenen Pommern wieder hinausdiplomatisirt hatte, damit nur ja nicht die schwedische Fremdherrschaft in Deutschland beeinträchtigt werde; ferner knüpfte sich eben an diese Thatsache die Befürchtung, daß bei der zum Symbol gewordenen Uneinigkeit Deutschlands auch eine abermalige Anstrengung gegen Frankreich schwerlich zum erwünschten Ziel, sondern nur neuerdings zu einem schmachvollen, den Raub sanctionirenden Frieden führen dürfte; und endlich sah auch er, mit Recht, die Beendigung des Türkenkrieges als die unerläßliche Vorbedingung an, um einen neuen Krieg gegen Frankreich überhaupt nur mit einiger Hoffnung auf Erfolg unternehmen zu können. So beschränkte er sich denn in Verbindung mit anderen Reichsständen auf die Rolle einer bilatorischen Vermittlung. Und in der That verpflichtete sich ihm gegenüber Ludwig XIV. am 22. Januar 1682: „weitere Reunionen einzustellen und nicht zu den Waffen zu greifen, so lange Aussicht zu einer friedlichen Ausgleichung vorhanden sei." Dergestalt blieben wenigstens die Rechte Deutschlands vorbehalten. Aber freilich war auch auf diesem Wege der Vermittlung weder eine Wieder= gewinnung Straßburgs noch eine Kräftigung Deutschlands abzusehen; dagegen bot er der Politik Frankreichs einen neuen Vorwand, um unter den Reichsständen Mißtrauen zu säen und die Einen den Anderen zu ver= dächtigen.

Hiernach blieben die Bündnisse, die auf Betrieb Wilhelms von Oranien seit dem 10. October 1681 abgeschlossen wurden, ohne alle Wirksamkeit; und auch der formelle Beitritt des Kaisers im folgenden Jahre vermochte ihnen keine praktische Bedeutung zu verleihen. Nahm doch gerade jetzt, gestachelt durch Frankreich, die Kriegslust der Türken einen erhöhten, alle Kräfte Mitteleuropa's absorbirenden Aufschwung! Im Juli 1683 unter= nahmen sie sogar jene weltberühmte Belagerung Wiens, die alle Sympa= thien Deutschlands und Europa's für Oesterreich wach rief, und deren für die Türken so kläglicher Ausgang nur am französischen Hofe ein schlecht= verhehltes Aergerniß erweckte. Ludwigs Speculation auf den Untergang der österreichischen Macht, und auf den Erwerb der Kaiserkrone für seinen eigenen Sohn, ging damit in Trümmer. Seinen Mißmuth ließ er neuer= dings am Reiche aus.

Die Verhandlungen über Straßburg und die übrigen Reunionen schleppten sich seit ihrer Verlegung von Frankfurt nach Regensburg in dem alten Schlendrian erfolglos fort. Ludwig leugnete nach wie vor alle Er= oberungsgelüste ab, schlug bald eine Grenzregulirung, bald einen „Waffen= stillstand" vor, obgleich man gar nicht in einem gegenseitigen Kriegsstande begriffen war, und wiederholte immer von Neuem: daß er großmüthig auf weitere Reunionen verzichten wolle, wenn man die bisherigen an= erkenne. Sowohl das kurfürstliche Collegium wie das fürstliche waren getheilter Meinung; doch hatte die Partei der Nachgiebigkeit in jenem die Mehrheit, in diesem nur die Minderheit für sich. Während der Zerwürf= nisse, die darüber entstanden, und zur Zeit der Belagerung Wiens, stellte Ludwig XIV., die Bedrängniß benutzend, im Juli 1683, zur Annahme seiner Bedingungen eines „30jährigen Waffenstillstandes" eine Präclusiv= frist bis zum Ende des nächsten Monats; und als sie abgelaufen, begann er von Neuem seine Reunionen. Mit dem November überfielen seine Heere plötzlich die spanischen Niederlande, und ergossen sich alsbald auch in das Luxemburgische und in das Erzbisthum Trier; die Stadt Luxem= burg, von 6000 Bomben beschossen, mußte sich am 4. Juni, die Stadt Trier am 15. Juni 1684 ergeben.

Dieser Ueberfall hatte Spanien factisch zum Kriege gezwungen. Wil= helm von Oranien war empört; er suchte die Republik, die ganze Welt zur Kriegserklärung gegen das französische Raubheldenthum zu bestimmen. Gleich im Beginn der neuen Krise bestürmte er den großen Kurfürsten von Brandenburg mit den eindringlichsten Vorstellungen, welche der Eifer mit ungerechter Bitterkeit versetzte: „der Kurfürst möge erwägen, wohin es

mit ihm selbst kommen werde; schwerlich würde seine enge Freundschaft
mit Frankreich ihm größere Vortheile bringen, als dem Schweden, dem
Bayer und dem Braunschweiger die ihrige gebracht. Zu nichts von Allem,
was Frankreich seit dem Nimweger Frieden an sich gerissen, habe es ein
Recht. Man müsse blind sein, wenn man nicht einsehe, daß der Beherrscher
Frankreichs nach einer allgemeinen Herrschaft über Europa trachte. Fiele
der Kampf auch unglücklich aus: so sei es doch rühmlicher, mit den Waffen
in der Hand zu fallen, als den schmählichen Gewaltstreichen der Franzosen
ruhig zuzusehen." Und auch der Rathspensionär Fagel meinte: „Besser,
tausendmal umkommen, als den Gewaltthaten des unmenschlichsten aller
Menschen sich ausgesetzt zu sehen! besser, auf dem rechten von Gott gebil=
ligten Wege sterben, als bei Unterstützung einer vom Teufel gebilligten
Sache!"

Oranien's Zorngluth war berechtigt, nicht aber seine Vorwürfe
gegen den großen Kurfürsten. Von einer „engen Freundschaft mit Frank=
reich" konnte nicht die Rede sein. Aber die Politik des Kurfürsten folgte
nicht der Leidenschaft, sondern der Ueberlegung. Trotz seines ebenso großen
Unwillens, konnte und durfte er doch nicht die schlimmen Erfahrungen der
Vergangenheit vergessen und die Vorsicht bei Seite setzen. Er, der einzig
wehrhafte Fürst in Deutschland, war doch nicht allein im Stande, es mit
Frankreich aufzunehmen; auf die Reichsstände war kein Verlaß, weder in
politischer noch in militärischer Beziehung; die Reichsarmee stand nur auf
dem Papier; ihm selbst waren überdies, durch die habsburgische Politik
des Kaisers, die Schweden in die Rippen und auf den Nacken gesetzt, um
ihn an jeder freien Bewegung zu hindern. Dennoch wäre er bereit ge=
wesen den Kampf aufzunehmen, wenn es im Verein mit dem Kaiser
hätte geschehen können; aber — dabei blieb der Kurfürst stehen — „so
lange der Kaiser nicht Frieden mit den Türken schließe, könne man
nichts thun; sonst laufe das Reich Gefahr, gerade von Oesterreich her im
Stich gelassen zu werden."

Seine Vorsicht war nur allzu begründet. Die Apathie war so allge=
mein und so unüberwinnlich, daß Oranien nicht einmal seine eigenen Lands=
leute zum Krieg zu bestimmen vermochte. Vielmehr schlossen die General=
staaten der Republik, statt den Krieg zu erklären, unter allerhand Ausflüch=
ten am 29. Juli 1684 mit Frankreich einen 20jährigen Stillstand; dem
deutschen Reiche wurde zum Anschluß eine Monatsfrist gestellt.

Der Reichstag fügte sich. Und so kam denn am 15. August auch für
Kaiser und Reich ein 20jähriger Stillstand mit Frankreich zum Abschluß;

während desselben und bis zur Herstellung eines definitiven Friedens sollte Frankreich ungestört im thatsächlichen Besitze Straßburgs und der Kehler-schanze sowie derjenigen Erwerbungen verbleiben, die ihm die Reunions-kammern bis zum 1. August 1681 zugesprochen hatten; alles Uebrige sollte zurückgegeben und auch, während des Stillstandes, kein weiterer Anspruch auf Reichslande erhoben werden. Das war das klägliche Ende des soge-nannten „Reunionskrieges“, der in Wahrheit kein Krieg, sondern eine Räuberei mitten im Frieden war.

Die französische Politik war nicht angethan, Verträge zu achten; mit Worten, mit den heiligsten Versprechungen und Gelöbnissen, mit den ver-brieftesten Stipulationen trieb sie nur ein schmähliches Spiel. Wie die Friedensschlüsse zu Münster und Nimwegen, wie die besonderen Uebereinkünfte mit den erworbenen Landestheilen und Ortschaften, wie die zahllosen freiwilligen und besiegelten Zusicherungen des Königs: so hatte auch noch der eben geschlossene Stillstandsvertrag allen reunirten Orten ausdrücklich die „freie Religionsübung“ verbürgt. Nichts desto weniger scheute sich die französische Regierung nicht, in religiösen Dingen sofort diesem Vertrage und allen früheren Gelöbnissen diametral entgegen zu handeln. Am 22. October 1685 wurde das Edict von Nantes aufgehoben, und alsbald be-gannen überall jene scheußlichen Verfolgungen der Protestanten, die ihrer Freiheiten, ihres Bürgerrechts, ja ihrer Subsistenz beraubt, und durch die Dragonaden in den Schooß der katholischen Kirche oder als Flüchtlinge in das Ausland getrieben wurden.

Auch in Straßburg wurde, der Capitulation und den feierlichsten Betheuerungen zum Hohn, der Gottesdienst der Protestanten auf jede Weise behindert; man nahm ihnen ohne Weiteres die Kirchen weg, und zwang sie durch Chicanen, Drohungen und Verfolgungen der unbarm-herzigsten Art, ihren Glauben abzuschwören; die Rechte und Privilegien der Stadt sanken zu einer leeren Formel herab; der blanke Despotismus nahm von ihr wie vom übrigen Frankreich Besitz.

Diese Unbilden, gegen die jetzt namentlich der Kurfürst von Branden-burg auf das Energischste protestirte, rief eine tiefe, kriegerische Entrüstung in Deutschland hervor. Dazu gab eben damals die Beseitigung der Türken-gefahr dem Kaiser freiere Hand und den Ständen größere Zuversicht auf Erfolg. Als daher Ludwig XIV. mit gewohntem Uebermuthe seinen dritten Eroberungskrieg unternahm, faßte am 14. Februar 1689 der Regensburger Reichstag den kräftigen Beschluß: den König von Frankreich für einen „Reichsfeind“ zu erklären und „mit Verwerfung aller Ein-

flüsterungen, mit rechtschaffener, einmüthiger und unzertrennlicher Zu=
sammensetzung aller Macht dem gemeinsamen Feind entgegen zu gehen,
das Occupirte zu retten und in den alten verfassungsmäßigen Stand zu
setzen, und keine Neutralität oder Correspondenz mit dem Feinde zu ge=
statten." Der große Kurfürst von Brandenburg hatte den Ausbruch des
Krieges nicht mehr erlebt; aber sein Nachfolger Friedrich III. beharrte
auf der Bahn seines Vaters und stellte gegen 40,000 Mann ins Feld. War
man doch diesmal mehr denn je zuvor berechtigt, auf eine nachdrückliche
Action, auf ein festes Zusammenhalten, und demnach auf ein glückliches
Ergebniß zu rechnen. Aber dennoch wurden diese Aussichten betrogen und
die trüben Auffassungen des großen Kurfürsten von der völligen Verkom=
menheit und Impotenz des Reiches bestätigt. Auf den Verlauf der Kämpfe
gehen wir nicht ein; wir erinnern nur daran, daß eine ihrer ersten und
scheußlichsten Episoden die von Louvois angeordnete und von Melac voll=
zogene „Niederbrennung der Pfalz" war. Noch mehr als acht Jahre
wüthete der Krieg; alle Theile erlahmten, den deutschen Fürsten ging ihr
anfänglicher Kriegseifer neuerdings über inneren Zänkereien verloren,
und zudem hatte der Kaiser fast alle seine Streitkräfte, statt auf die Unter=
stützung des Reiches, alsbald wieder auf den Türkenkrieg verwandt, der
für ihn einen größeren Reiz und ein näheres Interesse hatte. Als vollends
endlich die auswärtigen Bundesgenossen: Holland, England und Spanien
abfielen und im September 1697 zu Ryswick den Frieden unterzeichneten:
da sah sich das Reich, trotz aller Klagen über die Treulosigkeit seiner
Alliirten, auf den Stand der Dinge vor dem Kriege zurückgedrängt, isolirt
und am 30. October ebenfalls zum Friedensabschluß genöthigt.

Der Vertrag sanctionirte nunmehr in der That Vieles, was bis=
her nur rechtswidrige Thatsache gewesen; er erkannte die Reunionen
und die volle Oberhoheit der Krone Frankreich im Elsaß an, und setzte in
Bezug auf Straßburg noch besonders und ausdrücklich fest, daß die Stadt
mit ihrem ganzen auf dem linken Rheinufer liegenden Gebiete und sammt
allen Rechten, die das Reich zuvor auf sie gehabt, der französischen Mon=
archie verbleiben solle.   Dagegen versprach allerdings Ludwig XIV. das
Fort Kehl, Freiburg, Breisach und Philippsburg zurückzugeben, nebst allem
was außerhalb des Elsaßes reunirt worden, auch fortan auf weitere
Reunionen zu verzichten, und überdies den Herzog von Lothringen —
sowie den Pfalzgrafen von Zweibrücken — in seine Staaten wieder ein=
zusetzen.   Das letztere Zugeständniß durfte insbesondere als wichtig er=
scheinen.   Allein Ludwig calculirte, daß damit die Vergrößerung Frank=

reichs nach dieser Seite hin nur aufgeschoben, nicht aufgehoben sei; für
jetzt aber ersehnte er selbst einige Friedensjahre, um sich auf einen neuen
Weltkrieg und auf noch größere Erwerbungen, auf die spanische Erbfolge,
vorzubereiten. Und im Uebrigen wußte er seine Zugeständnisse noch im
letzten Augenblicke, wenigstens für alle evangelischen Reichsstände, auf das
Bitterste zu vergällen.

Jn der Nacht vor der Unterzeichnung nämlich wurde von den fran=
zösischen Gesandten nachträglich die Clausel in den Vertrag eingeschmug=
gelt: daß die katholische Religion an den zurückgegebenen Orten in dem
bermaligen Zustand bleiben solle. Diese Clausel war von weittragender
Bedeutung. Denn Ludwig hatte inzwischen allen reunirten und occupirten
Ortschaften, die dem Protestantismus anhingen, dem Regensburger Still=
standsvertrage entgegen, in der einen oder anderen Weise den katholischen
Cultus aufgezwungen. Wo nur irgend einmal ein katholischer Feldpre=
diger Messe gelesen, da sollte nach seiner Absicht fortan der Katholicismus
zu Recht bestehen. Das spätere Verzeichniß der Ortschaften, die dergestalt
— wenn nicht dem Reiche so doch wenigstens — dem Protestantismus
geraubt zu werden bestimmt waren, umfaßte nicht weniger als 1922
Nummern. Die Gesandten der evangelischen Stände waren empört über
die neue Perfidie der französischen Diplomaten und erhoben nachdrückliche
Einrede; der kaiserliche Gesandte aber vertröstete sie, daß Friedensstipu=
lationen mit einer fremden Macht in kirchlichen Dingen nicht maßgebend
sein könnten; und die katholischen Stände wollten ebenfalls nicht um
deßwillen den Frieden beanstanden. Dennoch verweigerten die evan=
gelischen, mit Ausnahme von dreien, ihre Unterschrift; und die Regens=
burger Ratification des Ryswicker Friedensvertrages erfolgte in der That
nur mit dem Zusatz: daß die katholischen Fürsten von der „dem Reiche
obtrubirten Clausel" niemals gegen die Protestanten Gebrauch machen
würden.

So hatte denn Frankreich zu dem ersten Viertel des Elsaßes ein zweites
und ein drittes hinzugewonnen. Die Gebiete der Stadt und des Bisthums
Straßburg umfaßten 160 Gemeinden mit 260,000 Einw.; die übrigen
Reunionen 159 Gemeinden mit 226,000 Einw. Das letzte Viertel, die Reste
deutscher Mediatherrschaften und das der Schweiz angeschlossene Mühl=
hausen, 272 Gemeinden mit 286,000 Einw., fiel erst im 18. Jahrhundert,
und größtentheils erst in Folge der Revolution, an Frankreich (S. oben
S. 22 f. und Böckh a. a. O.).

V.

Der Verlust des Herzogthums Lothringen (1735).*)

―――――

Das Herzogthum Lothringen ging dem deutschen Reiche, nachdem es mehr als acht Jahrhunderte ihm angehört, im Jahre 1735 dadurch verloren, daß Oesterreich es an Frankreich abtrat, um dagegen die Erbfolge in Toscana zu erwerben. Es war die äußerste deutsche Provinz im Westen; von Lothringen aus in die Champagne eintreten, hieß noch immer so viel als „von Deutschland nach Frankreich gehen." Nur episodisch haben wir bisher der wechselreichen Geschicke des Herzogthums gedacht; jetzt liegt es uns ob, sie in ihrem Zusammenhange zu überblicken.

Ursprünglich ein Königreich, zerfiel Lothringen als „Reichslehen" seit dem 10. Jahrhundert in zwei Herzogthümer: Ober= und Niederlothringen. Das letztere zersetzte sich schon frühzeitig, und verschmolz mit den Nachbar= ländern. Das andere, mit dem wir es hier zu thun haben, und dessen Hauptstadt Nanzig (Nancy) war, bestand unter einer ununterbrochenen Folge lothringischer Herzoge fort, die vom Kaiser belehnt, deutsche Vasallen und deutsche Reichsfürsten waren; zu demselben gehörte auch das kleine Herzogthum Bar, das zur Hälfte von Frankreich zu Lehen ging.

Schon seit der französischen Occupation der drei Bisthümer im 16. Jahrhundert sah sich das Herzogthum Lothringen in immer peinlichere Händel mit Frankreich, und in die Schlingen der französischen Politik verstrickt. Während des dreißigjährigen Krieges wurde das Land von den Franzosen fort und fort auf das Schreckenvollste heimgesucht, und am Ende 1634 als ein angebliches Lehen der Grafschaft Champagne vollständig in Beschlag genommen. Der gewaltthätige und unfähige Her= zog Karl III. (IV.) ließ sich sogar im März 1641 zu einem Vertrage

―――――――

*) Die gründlichste „Geschichte des Hauses Lothringen" ist noch immer die von Gebhardi, im ersten Bande seiner Geschichte der erblichen Reichsstände. Vgl. auch Pfister a. a. O. V. 239 ff.

verleiten, der ihn zwar nominell wiederherstellte, aber äußerst bemüthigend war und die hinterlistige Clausel enthielt, daß der König berechtigt sei, falls der Herzog den Vertrag nicht erfülle, die Herzogthümer Lothringen und Bar mit seiner Krone zu vereinigen. Wie nun hinterher der Herzog Karl sammt seinem Bruder Franz reuig protestirte: da beeilte sich Frankreich, sofort die Länder einzuziehen. Alle Versuche der Wiedereroberung blieben vergeblich; der Westphälische Friede aber ließ, auf die Forderung Frankreichs, die lothringische Frage ganz unberührt. Erst der Pyrenäenfriede 1659 brachte sie zur Lösung, durch Spaniens Vermittelung. Der Herzog erhielt zwar Lothringen zurück; allein das Herzogthum Bar, die Grafschaft Clermont, Moyenvic, Dun, Stenay und Jametz blieben mit Frankreich vereinigt. Die Befestigungen von Nanzig wurden zerstört, und dem König das Recht des freien Durchzuges nach dem Elsaß zugestanden. Im Februar 1661 wurde ein besonderer Vertrag zwischen Ludwig XIV. und dem Herzog abgeschlossen, wodurch dieser zwar auch Bar zurückerhielt, aber nur als französisches Lehen, und nur gegen die Abtretung einer Reihe von Ortschaften und eines Landstriches, der eine Heerstraße vom Metzer Gebiete bis nach dem Elsaß in der Breite einer halben Meile bildete. Allein schon im folgenden Jahre ließ sich der elende Herzog wieder zu einem Vergleiche bestimmen, wonach er die Herzogthümer an Frankreich förmlich abzutreten versprach, freilich ohne Autorisation des Reiches. Und was erhielt er dagegen zugestanden? Erstens den lebenslänglichen Genuß seiner bisherigen Einkünfte, die Erlaubniß zur Erpressung von einer Million Pfunden von seinen bisherigen Unterthanen u. dgl. mehr; zweitens die Anwartschaft auf das Thronfolgerecht in Frankreich für die lothringischen Prinzen; und drittens das Recht des Vortritts der Letzteren vor den natürlichen Kindern der französischen Könige und vor allen fremden Prinzen am Pariser Hofe — eine Genugthuung kindischer Eitelkeit, die den Strahlenglanz der Sonnennähe höher werthete als das eigene bescheidene Leuchten. Es konnte indeß nicht fehlen, daß es alsbald von hüben und drüben Proteste regnete. Und am Ende widerstand auch der Herzog der neuen Zumuthung: die Abtretung seiner Länder sogleich und für die Bauschsumme von 700,000 Pfund zu vollziehen. Vielmehr suchte er jetzt den Schutz des Reiches nach, und erwirkte auch schließlich im Jahre 1663, zwar nicht eine ausdrückliche, aber doch eine indirecte Aufhebung des ganzen Erbfolgevergleichs. Die Zerwürfnisse und Chicanen dauerten indeß fort; und als der Herzog an der Errichtung eines Bündnisses mit dem Kaiser, der Republik Holland und Spanien zu

arbeiten wagte, wurde er neuerdings im August 1670, wie wir früher er-
wähnten, mitten im Frieden plötzlich von den Franzosen überfallen, ver-
jagt und seiner Länder beraubt.   Daß dieser neuen Occupation selbst der
Nimweger Friede von 1679 kein Ende machte, sahen wir ebenfalls schon.
Indem der Kaiser in demselben der Krone Frankreich nicht nur die früher
ausbedungene Heerstraße, sondern auch noch Wege von Nanzig nach Metz,
nach Breisach und in die Grafschaft Burgund zugestand, und überdies den
Fortbesitz der Hauptstadt Nanzig selbst sowie Marsal's, und das Recht zum
Eintausch von Longwick (Longwy): nahm die Restitution eine so unerträg-
liche Form an, daß Karls III. Neffe und Nachfolger, Herzog Karl IV. (V.),
sie geradezu ausschlug und gegen den Vertrag protestirte.

Ludwig XIV. ließ sich dadurch nicht irre machen; im Gegentheil ging
er nun darauf aus, für den factischen Besitz eine rechtliche und dauerhafte
Grundlage zu finden.   Die Reunionskammer zu Metz mußte aus den
Archiven allerlei Scheingründe zusammensuchen, um den gesammten Adel,
alle fürstlichen Güter, und endlich beide Herzogthümer für Lehnstücke
der drei lothringischen Bisthümer ausgeben und als solche mit
der Krone reuniren zu können.   Anfangs gab man den einzelnen Eigen-
thümern aller liegenden Gründe auf, ihrerseits die Rechtmäßigkeit ihres
Eigenthums nachzuweisen; als aber dieses Verfahren zu vielen Weitläufig-
keiten führte, machte man kurzen Proceß und erklärte am 2. Juni 1683
den Adel des freien (nichtfranzösischen) Theils von Bar, und am 10. September alle zu den Herzogthümern gehörigen Herrschaften und Städte als
solche Bestandtheile, die den drei Bisthümern unrechtmäßig entrissen
worden.   Gleich darauf wurden Nanzig, Vaubemont, Pütlingen, Bitsch,
Commercy, Salm, Hattonchatel, Romeny, Saarwerden, Aspermont, Blan-
kenberg, Sirk und andere deutsche Reichslehen und lothringische Pertinenzen
ohne Weiteres der Krone Frankreich als Eigenthümerin der drei Bisthümer
zugesprochen.   Herzog Karl IV. protestirte zwar auch gegen dieses Verfahren und forderte den Schutz des deutschen Reiches; aber der Reichstag,
statt auf thatsächliche Abhülfe bedacht zu sein, grübelte nur über juridischen
Deductionen zur Widerlegung des französischen Verfahrens.

Erst der dritte Coalitionskrieg, oder vielmehr die durch andere Vortheile bedingte und für zukünftige Chancen berechnete Nachgiebigkeit Ludwigs XIV. im Ryswicker Frieden, brachte eine wesentliche Abhülfe.   Der
Sohn Karls IV., Herzog Leopold, erhielt 1697 kraft des gedachten Friedensvertrages den freien und vollständigen Besitz der Herzogthümer, wie
sie sein Großoheim 1670 inne gehabt, zurück.   Die französischen Reunionen

wurden ſtillſchweigend aufgehoben, nur Saarlouis und das Amt Longwick
ſollten dem König verbleiben, und auch das nur gegen ein Aequivalent in
einem der drei Bisthümer; ſelbſt die drei großen Heerſtraßen wurden
wieder abgetreten und bloß das Recht des Durchzugs vorbehalten.
Allein der Beſitz war kein ſicherer. Nicht nur wurden franzöſiſcherſeits die Friedensartikel nicht redlich ausgeführt, ſo daß Frankreich mehr
zurückbehielt als ihm gebührte, ſondern es tauchte auch ſchon im Jahre
1700 mit Rückſicht auf die ſpaniſche Erbfolge, und zwar von Seiten Englands und Hollands, der Plan zu einer Vertauſchung Lothringens mit
einem italieniſchen Fürſtenthume auf, wonach jenes an Frankreich fallen
und der Herzog zur Entſchädigung Mailand erhalten ſollte. Dieſe Com-
bination wurde zwar alsbald durch den ſpaniſchen Erbfolgekrieg vereitelt;
die Lüſternheit des franzöſiſchen Hofes nach dem Beſitz der Herzogthümer
war indeß ſo groß, daß er 1702 den Verſuch machte, ſie von ihrem In-
haber für drei Millionen Pfund Rente zu kaufen. Da der Herzog ſich
weigerte, ſo ſchlug der König einen perfiberen Weg ein. Herzog Leopold
bemühte ſich, die ſtrengſte Neutralität zu beobachten, aus Beſorgniß vor
der franzöſiſchen Ländergier. Allein vergeblich. Denn kaum hatten
1703 einige leichte kaiſerliche Haufen ſich eine Verletzung der Neutralität
zu Schulden kommen laſſen, als Ludwig XIV. dieß augenblicklich zum Vorwand nahm, um ſich der Städte Nanzig, Homburg, Bitſch und anderer
ohne alle Umſtände neuerdings zu bemächtigen. Dennoch mußte ſich Herzog Leopold durch Vorſicht bis zu ſeinem Tode im März 1729 zu behaup-
ten, und zugleich das Land — das ihm als „Einöde" von den Franzoſen
überliefert worden — in mannigfacher Weiſe zu heben.

Seinem Sohn und Nachfolger dagegen, Franz Stephan, dem nach-
maligen Kaiſer Franz I., ſollte das traurige Geſchick zufallen, den ſchließ-
lichen Verluſt Lothringens für ſein Haus wie für Deutſchland zu erleben
und ſelbſt zu beſiegeln. Geboren 1708, war er ſeit 1723 am Wiener Hof
erzogen worden, unter den Augen des Kaiſers Karl VI., der ihn ſchon damals zum Gemahl ſeiner Tochter Maria Thereſia auserkor. Im November 1729 trat er zu Luneville in ſeinen Erbſtaaten die Regierung an;
Bar nahm er am 1. Februar 1730 perſönlich in Paris, die kaiſerlichen
Lehnſtücke am 2. Juli zu Wien zu Lehen. Aber ſchon zu Anfang des folgenden Jahres übertrug er ſeiner Mutter die Regierung, beſuchte eine Reihe
von Höfen und kehrte nach Wien zurück, wo er im Mai 1732 zum Statt-
halter in Ungarn ernannt wurde. Da trat für die Geſchichte Lothringens
die entſcheidende Kriſis ein.

Den Ausgangspunkt bildete die polnische Königswahl im Jahre 1733. Frankreich begünstigte als Throncandidaten den früheren verdrängten König Stanislaus Leszinsky, den Schwiegervater Ludwigs des XV.; der Kaiser dagegen den Kurfürsten von Sachsen, August III. Als der Letztere bei der Königswahl am 5. October obsiegte, erklärte sofort Frankreich in Verbindung mit Spanien und Sardinien dem Kaiser den Krieg. Das französische Manifest vom 10. October verkündete unumwunden: daß der „Schimpf", den der Kaiser dem Könige von Frankreich in der Person seines Schwiegervaters zugefügt, „Rache fordere". Oesterreich wurde angeklagt: es habe sich zum „Protector" Polens aufwerfen und „die polnische Nation zur Sklavin" machen wollen. An die deutschen Reichsstände richtete Frankreich am 14. October eine Aufforderung, sich neutral zu verhalten. Es sei, hieß es darin, des Königs „Verlangen und Wille, den Frieden mit dem deutschen Corpus aufrecht zu erhalten und ihn so lange zu beobachten als er dasselbe als einen Freund werde ansehen können; und obgleich Se. Maj. die Festung Kehl angreifen müsse, um sich dadurch einen sicheren Paß über den Rhein zu verschaffen, so geschehe das doch aus keiner bösen Absicht gegen das deutsche Corpus, dessen Interesse dem König theuer sei, wie er bei vielen Gelegenheiten bewiesen; er wolle keinem Gliede desselben übel, wolle vielmehr durch Wegnahme des Passes über den Rhein sich in den Stand setzen, denjenigen deutschen Fürsten Beistand zu leisten, die der Kaiser seinen Sonderzwecken behülflich zu sein zwingen wolle. Se. Maj. seien mit dem, was sie besitzen, zufrieden, und weit entfernt, sich durch das Glück ihrer Waffen zur Erweiterung Ihrer Grenze verleiten zu lassen. Der König trage kein Bedenken, feierlich zu erklären: daß er durchaus nicht die Absicht habe, Eroberungen zu machen oder Plätze zu behalten. Er werde nichts versäumen, wodurch die deutschen Fürsten mehr und mehr erkennen möchten, wie sehr er verlange, ein gutes Verständniß mit ihnen beizubehalten." Der Hauptköder war die Versicherung: daß er „nur mit dem Kaiser" Krieg führen, den „Frieden mit dem Reiche" aber nicht verletzen wolle, und alle Stände, die neutral bleiben würden, als seine Freunde ansehen werde.

Allein mit diesen Versicherungen stand schon der angekündigte Angriff auf die Reichsfestung Kehl im seltsamsten Widerspruch; noch mehr aber die Eröffnung des Krieges selbst. Drei französische Heere rückten ins Feld. Während das eine unter Villars in Italien einfiel, um sich mit den Truppen des Königs Karl Emanuel von Sardinien zu vereinigen, war ein zweites unter Berwick schon am 12. October über den Oberrhein gegangen und berannte nun wirklich die Reichsfestung Kehl, die sich am 29. ergab. Aber noch mehr! ein drittes Armeecorps — wer hätte diese Unverschämt= heit für möglich halten sollen — brach ebenfalls noch vor dem Neutrali= tätsmanifest, in offenster Verhöhnung desselben und zum Schimpf für das Reich, in das Herzogthum Lothringen ein. Denn grundsätzlich war von allen Mächten dem Herzog von Lothringen die Neutralität für seine Erb= staaten verbürgt worden. Wie aber dennoch Frankreich schon im April Heulieferungen daselbst eingetrieben hatte, so nahm es auch jetzt keinen Anstand, zunächst am 13. October die Hauptstadt Nanzig zu besetzen, und alsbald des ganzen Herzogthums sich zu bemächtigen, um es nach Herzens= lust zu brandschatzen. Der Herzogin Regentin wurde es gnädigst gestattet, in ihrem Lande und zwar in Luneville zu verbleiben; sie zog es indessen vor, sich nach Luxemburg zu begeben. Ihr Sohn, der Herzog Franz Stephan, wurde nun zwar französischerseits peremptorisch zur Rückkehr in seine Staaten aufgefordert; allein er weigerte sich, den kaiserlichen Hof zu verlassen und sich in die Gewalt der Franzosen zu begeben.

Unter solchen Umständen ermannten sich die deutschen Fürsten; im Februar 1734 wurde der Reichskrieg gegen Frankreich und Sardinien sowie gegen deren Bundesgenossen beschlossen. Der Kaiser in seiner Hülfs= forderung an den Reichstag beklagte sich namentlich über den Angriff auf die „italienischen Reichslande und Lehen"; der „Beitritt des Königs von Sardinien laufe gegen Alles was unter den Menschen heilig"; derselbe habe damit als Herzog von Savoyen „die kaum beschworene Lehenspflicht schnöd übertreten"; der „deutschen Reichswesenheit und Freiheit" drohe aller Orten Gefahr; auch zeige „die Erfahrung früherer Zeiten, von wel= chem Gehalt die beim Anfang gewöhnlichen französischen leeren Vorwände und das friedlich scheinende süße Wortgepränge am Ende zu sein pflegen"; die „verborgene Absicht" Frankreichs sei „gegen das Reich insgesammt, mithin gegen einen jeden Reichsstand insbesondere" gerichtet. In hohem Grade auffallend war, daß dieses sogenannte „kaiserliche Com= missionsdecret" zwar Mailands und Kehls, aber mit keiner Sylbe Lothringens gedachte, ungeachtet doch diesem Herzogthum noch vor nicht langer Zeit der Reichsschutz erneuert worden. Die Folge war, daß auch das Reichsgut= achten, das sich durchaus nur an das Commissionsdecret hielt, darüber völlig schwieg; obwohl es von der „so mächtigen deutschen Nation" und den „vielen großen und consiberablen Reichsständen" sprach und den Ent= schluß verkündete: „mit tapferem deutschem Muth der feindlichen Gewalt

zu begegnen; mithin die Glorie, Ruhe und Freiheit der deutſchen Nation
fürs Künftige ſicher zu ſtellen."

Dennoch beſtand keine Einmüthigkeit; vielmehr legten die drei Kurfürſten von Köln, Bayern und Pfalz geradezu Proteſt ein, erklärten ſich
trotz der unterſagten Neutralität für neutral, und forderten: Man ſolle
erſt noch eine Vermittelung verſuchen, ehe man das Reich in einen „un-
gewiſſen Krieg" ſtürze, worin die Stände doch „von den kaiſerlichen
Truppen ohne Zweifel, wie es bisher geſchehen, verlaſſen werden
würden." Wiewohl dieſer Vorwurf keineswegs unbegründet genannt
werden konnte, ſo waren doch heimliche Einverſtändniſſe mit Frankreich
notoriſch die eigentlichen Motive der Proteſtation. Das Motiv der franzöſiſchen Kriegsluſt aber bezeichnete ein ruſſiſches Manifeſt gegen Ende
des Jahres ſehr richtig durch den Ausſpruch: den Franzoſen, am Rhein
und in Italien, käme es nur darauf an, „unter dem Vorwande der Erhaltung der polniſchen Freiheit, ihrer unerſättlichen Ländergier und ihrem Haſſe gegen das Haus Oeſterreich zu fröhnen."

Der Waffenkampf währte nicht lange. Schon im November wurden
Unterhandlungen zwiſchen Frankreich und den Seemächten, England und
Holland, als Vermittlern angeknüpft. Der Friedensentwurf, der aus
dieſen Conferenzen hervorging, hatte zwei beſondere Eigenthümlichkeiten:
einmal ließ er den früheren Polenkönig Stanislaus unentſchädigt, und
andererſeits erwähnte auch er wiederum Lothringen mit keiner Sylbe.
Aber eben deshalb mußte das Letztere unter den zu reſtituirenden Ländern begriffen werden, womit dem franzöſiſchen Hofe gar nicht gedient ſein
konnte, während ihm zugleich das Intereſſe des Schwiegervaters Ludwigs XV. zu wenig gewahrt erſchien. Die Folge war, daß zwar der
Kaiſer auf dieſe Grundlagen einzugehen ſich geneigt zeigte, das Pariſer
Cabinet aber erklärte: einem Project nicht beiſtimmen zu können, das „den
Unwillen der franzöſiſchen Nation errege und Frankreich keinen
Vortheil gewähre." Nachdem der Krieg ſeinen Fortgang genommen,
knüpfte das franzöſiſche Miniſterium im Juni des folgenden Jahres ins-
geheim directe Unterhandlungen mit dem Kaiſer an, indem es für Stanislaus eine „Entſchädigung" beanſpruchte. Anfangs zeigte ſich der Kaiſer
ſpröde; als er aber Ende Juli von den holländiſchen Generalſtaaten, die
er um nachdrücklichen Beiſtand anging, nur wieder den Vorwurf zu hören
bekam, daß er ſich nicht hätte in die polniſchen Angelegenheiten einmiſchen
ſollen: da warf er ſich, gereizt und übellaunig, der franzöſiſchen Diplomatie
in die Arme und geſtand ihr im Auguſt eine „Entſchädigung" für

Stanislaus zu. Nun erſt rückte Frankreich mit ſeinem längſt gefaßten Plane in Betreff Lothringens hervor, wogegen es ſeinerſeits auch die Garantie der ſogenannten „pragmatiſchen Sanction" verſprach, welche der Tochter des Kaiſers, Maria Thereſia, anomalerweiſe die Thronfolge in den öſterreichiſchen Erbſtaaten zuſicherte. Das war ein Mittel, um den Kaiſer „zu Allem zu bewegen". Die Verhandlungen wurden in Wien auf das Geheimſte, ohne Vermittelung oder Zutritt irgend einer andern Macht, gepflogen. So kamen am 3. October 1735 die Wiener Friedensprälimi=narien zu Stande, die das deutſche Reichsland Lothringen um Nichts und wieder Nichts an Frankreich verſchenkten, und zwar unter folgenden Modalitäten.

Das Herzogthum Bar ſollte „dem Schwiegervater des allerchriſtlich= ſten Königs" ſofort abgetreten werden; das Herzogthum Lothringen ſpäter, ſobald das Großherzogthum Toscana an das Haus Lothringen fallen werde. Denn neben der franzöſiſchen Garantie der pragmatiſchen Sanction bildete für den Herzog Franz Stephan, als künftigen Gemahl der Maria Thereſia und muthmaßlichen Kaiſer, die Ueberlaſſung Toscana's nach dem Tode des Letzten der Medici das auserſehene Aequivalent. Der= geſtalt tauſchte die künftige lothringiſch=öſterreichiſche Dynaſtie ein un= ſicheres deutſches Reichslehen gegen ein größeres, ſchöneres, ein= träglicheres und geſicherteres italieniſches Reichslehen aus; während überdies der Kaiſer ſelbſt, der letzte Habsburger, noch Parma und Piacenza als volles Eigenthum erhielt. Das deutſche Reich aber ſollte ſich, un= gefragt, eines ſeiner koſtbarſten Glieder ohne alle Noth und ohne irgend einen Erſatz amputiren laſſen, d. h. es auf immer preis geben. Denn nach dem Tode des Exkönigs von Polen ſollten die lothringiſchen Herzog= thümer als Erbtheil ſeiner Tochter, der franzöſiſchen Königin, auf ewige Zeiten und, mit völliger Souveränetät an die Krone Frankreich fallen; ausdrücklich „verzichtete" der franzöſiſche Schwiegerſohn für ſich und ſeinen polniſchen Schwiegervater auf Sitz und Stimme beim Reichstag. Frankreich machte augenfällig das beſte Geſchäft; es erlangte mit den beiden Herzogthümern Bar und Lothringen einen bleibenden und äußerſt werthvollen Gewinn, ohne dagegen auch nur das Geringſte zu verlieren; denn es entſchädigte ſeine Gegner, wie ſeine Freunde, mit Ländern, die ihm nicht gehörten. Auch Sardinien erhielt einen Zu= wachs an italieniſchen Reichslehen, namentlich Novara und Tortona.

Der Kaiſer hatte im erſten Artikel der Wiener Präliminarien nicht nur in die „Vereinigung" der Herzogthümer Bar und Lothringen „mit

der Krone Frankreich" als Oberhaupt des Reiches „sogleich eingewilligt",
sondern sich auch ausdrücklich anheischig gemacht, die „Einwilligung
des Reiches beizubringen." Die Bekanntmachung der Präliminarien in
Deutschland mußte zwar nothwendig bei allen Vaterlandsfreunden die
bittersten Stimmungen erwecken. Indessen der Krieg war nun einmal
factisch damit beendigt; und um gar alle Gegenströmungen erst verrau=
schen zu lassen, ließ man über fünf Monate verfließen, ehe man die „Ein=
willigung des Reiches" nachsuchte. Dies geschah durch ein kaiserliches
Commissionsdecret vom 17. März 1736. Bei der Lectüre desselben muß
noch heute jedem ehrlichen Deutschen die Schamröthe in die Wangen stei=
gen. Als ob die Verhinderung eines so schmachvollen Friedens nicht ein
Segen für Deutschland gewesen wäre, gab sich der Kaiser die Miene,
als dürfe er sich vielmehr darauf etwas zu Gute thun. „Nur von der
Geheimhaltung," hieß es, „habe der Ausschlag abgehangen, da im Ge=
gentheil nichts als Zögerungen oder neue Ungelegenheiten ent=
standen wären. Wiewohl man Mittel und Wege gefunden hätte, um
durch widrige Unterstellungen und durch Verdrehung der wahren Sachlage
Mißtrauen zu erwecken: so sei doch bekannt, daß der Kaiser zu des Rei=
ches Schutz mehr, als das gemeinsame Band erheische, angewendet und
größere Gewalt sich angethan habe als einer seiner Vorfahren."
Er wollte ferner Deutschland glauben machen, als ob es in den italie=
nischen Besitzungen Oesterreichs mehr Sicherheit finde, wie in dem
Fortbesitz seiner eigenen deutschen Gliedmaßen, d. i. in der Behaup=
tung seiner selbst. „Des Reiches Gerechtsame," hieß es mit Bezug auf die
neue Ordnung der Dinge in Italien, „hätten bei dem neuerdings fest=
gesetzten Systeme keine weitere Gefahr, wie ehedem, zu fürchten; durch
welche Sicherheit dem Reiche ungemein mehr Nutzen zuwachse, als
ihm andererseits durch die wenigen vom Reiche abhängenden und an
Frankreich zu überlassenden Stücke entgehe." Durch die Vertau=
schung Lothringens gegen Toscana war der Herzog Franz Stephan offen=
bar auf Kosten Deutschlands reicher ausgestattet worden, als er es zuvor
gewesen; dennoch that das Decret, als ob Jener vielmehr die schwersten
Opfer gebracht habe, um Deutschland zu retten. „Außerdem," hieß
es, „was von Sr. kaiserl. Majestät für die allgemeine Ruhe aufgeopfert
worden, habe zugleich ein empfindlicher Verlust den Herzog von Lothrin=
gen getroffen, um das Kriegsungemach von den deutschen Landen
abzuwenden." Endlich, und nachdem das Wiener Cabinet selbst absicht=
lich 5 Monate vertrödelt hatte, wollte es jetzt, um keine Zeit zum Besinnen

zu lassen, die Sache als überaus dringend darstellen. „Die Einwilli=
gung zu den Präliminarien," wurde versichert, „sei um so mehr zu be=
schleunigen, damit man von den Franzosen die Reichsfestungen zurück
erhalte."

Dennoch berieth der Reichstag zwei Monate. Allein diese Berathun=
gen und ihr Resultat waren für das patriotische Gefühl fast noch demü=
thigender als der Inhalt des kaiserlichen Decrets. Man untersuchte nicht
etwa die wichtigste aller Fragen: ob denn der Kaiser berechtigt sei, ohne
Einwilligung der Kurfürsten, Fürsten und Stände, Länder zu ver=
tauschen oder vom Reiche zu trennen? Niemand erhob mit Ent=
rüstung den Einwand: wie denn ein solcher Vertrag mit der Verheißung
Frankreichs sich reime, „keine Eroberungen machen zu wollen?" Niemand
kümmerte sich mehr um die „Glorie, Ruhe und Freiheit der mächtigen
teutschen Nation", die der Reichstag selbst durch diesen Krieg „sicher zu
stellen" gelobt hatte. Man stritt sich vielmehr über nebensächliche und ver=
altete Fragen, vor allem um die Abschaffung der „Ryswick'schen Clausel",
die bei den Protestanten schon ihrer Zeit so böses Blut gemacht, und die
ihnen noch jetzt ein Dorn im Auge war. Man ließ sich am Ende aber auch
hierüber von Wien und Paris her mit allerlei „Vertröstungen" abfinden,
genehmigte die Präliminarien, und ertheilte die Vollmacht zur Abschlie=
ßung des Definitivfriedens. Es erscheint unbegreiflich, daß der Reichstag
nicht ein einziges Wort der Klage oder des Tadels fand; aber noch weit
unbegreiflicher, daß er sich nicht schämte, dem Kaiser und dem Herzog von
Lothringen den erkenntlichsten Dank des Reiches auszusprechen; dem Einen
für seine „Fürsichtigkeit in diesem so nöthigen als nützlichen und heil=
samen Friedensgeschäft", dem Andern für seine „aus Friedensliebe gefaßte
großmüthige Entsagung." Und während man sich dergestalt für die dem
Reich geschlagene tiefe und noch offen klaffende Wunde schmählicherweise
bedankte, gab man doch der Besorgniß Raum, daß sie sich noch tiefer fressen
könne; statt das Geschehene mit Energie zu verdammen, zeigte man nur
eine feige Furcht: es möchte sich Frankreich wegen der Herzogthümer Loth=
ringen und Bar künftig „in Reichshändel einmischen" oder auch „Reu=
nions= und Dependenz= oder andere Vorwände" hervorsuchen.

So war denn das Unerhörte geschehen: das Reich hatte seine Er=
niedrigung und Verstümmelung mit Dankesworten besiegelt. Nachdem
auch von anderen Seiten die Beitrittserklärungen erfolgt waren, wurde
endlich im November 1738 der Definitivtractat zu Wien unterzeichnet.
Inzwischen war im Juli 1737 durch den Tod des letzten Großherzogs

Toscana an Franz Stephan übergegangen, und zuvor schon durch einen besondern Vergleich vom Jahre 1736 die sofortige Besitznahme der beiden Herzogthümer Bar und Lothringen dem König Stanislaus zugestanden worden. Die Furcht des Reichstages erwies sich übrigens als wohlbegründet; denn gleich bei der Uebernahme Lothringens machte sich Frankreich kein Gewissen daraus, zugleich damit auch das Fürstenthum Lixin und die Herrschaft Bitsch in Besitz zu nehmen, ungeachtet diese Länder in den Abtretungen des deutschen Reiches keineswegs inbegriffen waren.

Stanislaus, der im April 1737 seinen feierlichen Einzug hielt, regierte die beiden Herzogthümer in der That weiser und milder als seine Vorgänger. Aber diese glückliche Periode fand ein plötzliches Ende, als mit seinem Tode im Februar 1766 seine Länder dem französischen Staatskörper einverleibt wurden. Die Einkünfte aus denselben, die 1736 nur 5 bis 6 Millionen Pfd. betragen hatten, wurden sogleich auf 15 Millionen erhöht. Um so natürlicher war es, wenn die Errichtung der französischen Herrschaft alsbald für viele Bewohner Lothringens die Losung zur Auswanderung ward.

Wir sind am Schlusse. Die Geschichte bedarf keines Commentars.

Der deutsche Ursprung der lothringischen Bevölkerung ist eine Thatsache; die deutsche Sitte hat sich vielfach erhalten; die deutsche Sprache, obgleich vieler Orten von der französischen überwuchert, ist doch keineswegs ganz verdrängt worden, wie viel Mühe man auch — hier wie im Elsaß — darauf verwandt hat; in Einem Striche sogar, von den Vogesen bis Metz, ist sie noch heute dergestalt herrschend, daß derselbe nach wie vor „Deutsch-Lothringen" (bei den Franzosen „Allemagne") heißt. Daß andererseits auch die gesammte einheimische Bevölkerung des Elsasses noch heute durchweg eine deutsche und deutschredende ist, weiß Jedermann; nur hier und da ist sie im Laufe der Zeit mit französischen Elementen, in unendlich stärkerem Maße aber durch die Anziehungskraft der Staatsgröße und Staatseinheit mit französischen Sympathien versetzt worden. Auch die letzten Lösungen des geschichtlichen Verbandes mit dem deutschen Gesammtvaterlande sind erst sehr spät, erst in unserem Jahrhundert erfolgt.

Durch die Wiener Verträge von 1735 und 1738 waren nämlich dem bisherigen Herzog von Lothringen die Vorrechte eines Souveräns, die Titel, Wappen und Vorzüge sowie der Rang der Herzogthümer Lothringen und Bar, jedoch ohne Wirkung in Betracht künftiger Ansprüche, gelassen worden; ferner die Reichsstandschaft und die Grafschaft Falkenstein; und überdies gestand ihm das deutsche Reich im Mai 1736 die Ausübung des

Stimmrechtes für Nomeny und Falkenstein zu. Noch bis zum Ende des Jahrhunderts hatten die Großen Sitz und Stimme auf den deutschen Reichs- und Kreistagen. Erst der Friede zu Lüneville im Jahre 1801 schnitt diese letzen Verbindungsfäden Lothringens mit dem deutschen Reiche ab; sowie erst mit der Auflösung des Reiches selbst, im Jahre 1806, das Metropolitanrecht des Erzbischofs von Trier über die drei lothringischen Bisthümer erlosch; und wie auch im Elsaß erst durch die französische Revolution und deren Folgen die letzten Ueberbleibsel reichsständischer Beziehungen verschlungen wurden.

Der Sturz Napoleons führte, wider Frankreichs Erwarten und zum Verdrusse des deutschen Patriotismus, keine Sühne des dreihundertjährigen Unrechts herbei. Deutschland vergalt seine Leiden mit Großmuth, und beutete seine Siege zu Entsagungen aus. Was es in Zeiten des Unglücks preis gegeben, nahm es in den Zeiten des Glückes nicht zurück: die deutschen Provinzen Elsaß, Lothringen und die Bisthümer blieben bei Frankreich. Vielen erschien damals diese Resignation noch schmählicher als es die Preisgebung gewesen war.

Wie aber kam es zu dieser Resignation?

VI.

Der zweite Pariser Friede (1815).

Werfen wir zunächst einen kurzen Rückblick auf die deutsch=französische
Geschichte seit dem Verluste Lothringens bis zum Ausgang der Freiheits=
kriege.

Im Angesicht jener elelhaften Vorgänge von 1735—38, jener schnö=
den Veranbung und Verhöhnung der deutschen Nation, vollbracht durch
die Collusionen der deutschen Reichsfürsten und des deutschen Reichsober=
hauptes mit der beutegierigen französischen Politik, — würde das Urtheil
über die deutsche Geschichte im 18. Jahrhundert ein überaus trostloses und
schmerzliches sein müssen, wäre nicht unmittelbar darnach, im Jahre 1740,
auf deutschem Boden, in einem der deutschen Reichsländer, in Branden=
burg=Preußen, eine geistig=politische Riesengestalt erwachsen, Friedrich
der Große, angethan, um nach allen Seiten hin, wenn nicht Alles, doch
Vieles gut zu machen, und namentlich auch der französischen Politik ent=
schieden Halt zu gebieten. Ohne Friedrich den Großen — das gesteht alle
Geschichtschreibung zu — wäre Teutschland im vorigen Jahrhundert eine
Caricatur deutscher Ehre, Größe und Macht gewesen. Er allein riß es aus
seinem tiefen Falle, aus seiner wurmerhaften Zerfressenheit, aus seiner
schmachvollen Hingebung an fremde, und namentlich an französische Inter=
essen, empor zu erneutem Selbstgefühl und wenigstens zu partieller That=
kraft. Nicht nur seine Freunde, sondern ebensosehr auch seine Gegner, das
ganze Deutschland und die gesammte öffentliche Meinung der Welt haben
ihn deshalb bewundert; und diese Bewunderung hat ihm, nicht da oder
dort, sondern überall, bei allen Völkern gleichmäßig, den Beinamen des
Großen zuerkannt.

Es versteht sich aber von selbst, daß die geschichtliche Größe nicht an
sich bedingt ist durch die Größe kriegerischer Thaten, sondern vielmehr

durch die Größe des politischen Gedankens, aus dem die kriegerische That erwächst. Das politische Zeitalter Friedrichs des Großen machte das literarische Zeitalter Goethe's und Schiller's erst möglich; aber Friedrich selbst war nicht deshalb groß, weil er selbst ein Dichter, ein fruchtbarer Schriftsteller, ein Geist von unendlicher Virtuosität und wunderbar um= fassendem Wissen war, sondern weil sein weittragender Blick die Fernen der Geschichte, der politischen Zukunft Europa's und Deutschlands durch= maß, und weil er auf Grund dieses tiefen und scharfen Fernblicks jederzeit genau wußte, was er zu wollen hatte und wollte.

So lange Friedrich auf dem Throne saß, wurde Frankreichs Politik in Schach gehalten, und jeder Raub an deutschem Eigenthum selbst in den Zeiten unmöglich gemacht, wo das bethörte deutsche Reich im Bunde mit Frankreich ihn selber, seinen einzigen Hort, bekämpfte. Ja noch mehr! Frankreich sank unaufhaltsam von seiner Machthöhe und seinem bisherigen Ansehen tief herab, bis zur Nichtachtung und zur Verachtung seines Ge= bahrens. Nichts bekanntlich hat dem großen König bei allen Stämmen Deutschlands und im Auslande, bei Freunden und Feinden, bei Siegern und Besiegten mehr Popularität verschafft, als die unvergleichliche Schlacht bei Roßbach am 5. November 1757, welche einerseits die „Reichsarmee" vollends zum Spotte machte, und andererseits den militärischen Ruf Frank= reichs bis in die neunziger Jahre begrub.

Mehr und mehr begannen seitdem die deutschen Sympathien und die deutschen Geschicke sich von Oesterreich ab= und zu Preußen hinzuwenden. Vollends aber seitdem Friedrich, in den letzten Jahren seines Lebens, mit unwiderstehlicher Energie jenen „deutschen Fürstenbund" ins Leben rief, der ganz Deutschland mit Ausnahme von Oesterreich umfaßte, und der nicht nur eine Abwehr der habsburg=österreichischen Politik, welche Deutsch= land in den letzten zwei Jahrhunderten so gründlich ruinirt hatte, sondern zugleich auch einen Wall gegen die französische Politik und deren corrum= pirenden Einfluß zu bilden bestimmt und angethan war. Hatten doch längst schon deutsche Patrioten die Einsicht gewonnen, daß aus den treff= lichen, aber bunt durcheinander gewürfelten Stoffen des deutschen Lebens nur dann etwas Großes, Machtvolles und der Nation Würdiges geschaffen werden könne, wenn es gelinge, das lockere Staatengerölle des Reiches in einen engen und festen Bundesverband, das internationale und daher antinationale Kaiserthum in ein nationales oder echt deutsches, das wählbare Oberhaupt in ein erbliches zu verwandeln! Und eben deshalb setzten sie, mit Johannes Müller, alle ihre Hoffnungen auf den Fürsten=

bund Friedrichs des Großen, weil sie in ihm den ersten Schritt zu dieser Umwandlung erkannten.

Allein zum Unheil für Deutschland und Europa folgte in Preußen auf den politisch großen König zunächst ein politisch kleiner, der den Auf= gaben seiner Zeit nach keiner Richtung hin gewachsen war, und der es nicht verstand, die Schöpfung seines Vorgängers, den deutschen Fürsten= bund, zu einem lebens= und kraftvollen Organismus zu entwickeln. Und so sank denn das Reich, sich selbst überlassen, von seinem Kaiserhause und von Oesterreich verachtet, von Preußen abgestoßen, zu einem Zustande organischer Thätigkeit herab, der nur noch dem Verwesungsproceß eines Leichnams glich.

Das war um so bedenklicher und gefahrvoller, als zu eben dieser Zeit in Frankreich, andererseits, auf das verschwächlichte und entseelte König= thum die kriegs= und eroberungslustige Republik folgte.

Die Politik der französischen Republik, folgerecht fortgesetzt von dem bonapartistischen Kaiserthum, war und blieb, was seit dem 15. Jahrhun= dert die Cabinetspolitik der Valois und der Bourbons gewesen war: eine freche Raubpolitik, gemäßigt durch die Lüge, d. h. durch falsche Vorwände, durch erheuchelte Phrasen von Freiheits= und Menschenliebe, oder durch „süßes Wortgepränge", um mit dem Jahre 1734 zu reden. Jede ihrer Actionen begann mit der Lüge, um mit dem Raube zu enden. Und auf diesem Wege gewann denn nun auch Frankreich in der That, kraft des Lüneviller Friedens, wesentlich jene unnatürlichen Grenzen, die es seit dem 15. Jahrhundert als die „natürlichen" verkündet und begehrt hatte.

Da aber ergab sich alsbald sonnenklar, daß das ganze Lügenprogramm der „natürlichen Grenze", in den Augen Frankreichs selber, nicht die Be= deutung eines Definitivums, sondern nur die einer provisorischen Lüge hat. Denn, wie schon Ludwig XIV. nach dem rechten Rheinufer hinüber= gegriffen hatte, so schritt fortan das napoleonische Kaiserthum in der Be= grenzung Frankreichs weit über den Rhein und über die Alpen, bis zur Absorbirung aller seiner Nachbarländer, hinaus. Holland, gleichwie Bel= gien, existirte nicht mehr; von Italien nur noch ein paar unselbstständige Ueberbleibsel; von Deutschland, neben dem schimpflichen Rheinbund, außer Oesterreich nur ein Fetzen von Preußen.

Wohl mochte es scheinen, als habe die Geschichte das deutsche Volk aufgegeben; aber das deutsche Volk gab sich selber nicht auf. Von dem äußersten Ostwinkel Preußens her brauste plötzlich der deutsche Befreiungs= krieg über Deutschland gegen Frankreich dahin, und befreite das Vaterland

und ganz Europa von dem französischen Alp. Und dennoch! um seinen
Lohn und um sein Recht sah sich Deutschland betrogen. Zwar wurden
durch den ersten Pariser Frieden von 1814 dem französischen Raubstaat
die seit 1792 eroberten deutschen Länder wieder abgenommen; aber auch
diese nicht einmal vollständig, und die früher geraubten Länder des deut=
schen Reiches, namentlich Elsaß und Lothringen, Deutschlands rechtmäßiges
Erbe, sein eigenftes Fleisch und Blut, verblieben nach wie vor bei Frankreich.

Da kehrte Bonaparte von Elba zurück: Frankreich, indem es ihm
neuerdings zufiel und die Mittel zur Erneuerung des Krieges gewährte,
hob damit jene Friedensbedingungen wieder auf, und machte sich verant=
wortlich für alle Folgen. Der Sieg bei Waterloo, vorzugsweise durch
deutsche Waffen erkämpft, durch die Hannoveraner und Braunschweiger in
Wellingtons Heer und durch die Preußen unter Blücher, zerschmetterte
das Werk der Hundert-Tage und zwang noch einmal Frankreich, sich jeder
Bedingung des verbündeten Europa zu unterwerfen. Wie hätte man be=
zweifeln sollen, daß nunmehr vor allem die gerechten Forderungen des
deutschen Volkes befriedigt werden würden? War doch die Sicherstellung
Deutschlands vor französischen Raubanfällen zugleich eine Sicherstellung
des europäischen Friedens! Aber dennoch wurden noch einmal, durch den
zweiten Pariser Frieden, die Sieger besiegt. Das deutsche Schwert hatte
triumphirt, die deutsche Feder unterlag.

Die öffentliche Meinung in Deutschland, Journale wie der Rheinische
Mercur, Zeitungen und Flugschriften, Patrioten jedes Standes, Dichter
und Publicisten, Staatsmänner und Militärs — sie alle gaben damals
dem berechtigten Verlangen nach vollständiger Genugthuung einen nie er=
lebten einmüthigen Ausdruck. E. M. Arndt und Görres machten sich fort
und fort zu Organen dieses Verlangens. Allen aus der Seele ertönten
die Worte Schenkendorf's:

> Dort an den Vogesen
> Liegt ein verlornes Gut;
> Da gilt es, deutsches Blut
> Vom Höllenjoch zu lösen

Die Zahl Derer, die bereit gewesen wären, sich mit dem Elsaß zu be=
gnügen, war verschwindend klein. Fast alle, die zu Worte kamen, forderten
neben dem Elsaß zugleich auch ganz Lothringen mit Einschluß der drei
Bisthümer und Reichsstädte Metz, Tull und Virten zurück. Manche, selbst
Staatsmänner, gingen darüber noch hinaus und wollten auch andere ehe=
mals zum deutschen Reich gehörige Länder, namentlich die Freigrafschaft

(Franche Comté) und selbst Burgund zurückerstattet sehen; während man
überdies für Sardinien das französisch gebliebene Savoyen, für die Schweiz
einige kleinere Territorien, und für die Niederlande die früher dazu gehörigen
Gebiete des französischen Nord=Departements begehrte. Die höchste diplo=
matischerseits von Frankreich anfangs in Anspruch genommene Abtretungs=
quote umfaßte damals eine Bevölkerung von 4,762,000 Seelen; ·die
geringste, vorzüglich Elsaß und Lothringen begreifende, wurde auf eine
Summe von 2,800,000 Einwohnern berechnet.

Für die deutsche Bewegung, in und außerhalb der Diplomatie, war
vor allem die Losung maßgebend, die von dem Freiherrn vom Stein aus=
ging. Als er im Juni 1815 im Hauptquartier zu Heidelberg verweilte,
sprach er laut und bringend die Mahnung aus: Man müsse „diese Gelegen=
heit benutzen, um an Deutschland die im Laufe der letzten Jahrhunderte
verlorenen Länder deutscher Zunge, namentlich Elsaß und Lothringen,
zurückzugeben." In dem gleichen Sinne äußerten sich aber auch: Blücher,
Hardenberg, W. von Humboldt, Gagern, General von Carlowitz, Gneisenau,
Boyen, Graf Münster, die Kronprinzen von Bayern und Würtemberg, Ge=
neral von Knesebeck, selbst Metternich und viele Andere. Der allgemeine
Ausspruch war: diese Rückforderung sei „Recht und Pflicht"; man müsse
Sicherheit haben gegen die Wiederkehr ähnlicher Gefahren; Frankreich könne
nur, und müsse daher, unschädlich gemacht werden durch eine gründliche
und nachhaltige Schwächung seiner Macht.

Aber schon früh beschlich den greisen Blücher eine bange Ahnung.
Wenige Tage nach dem Siege bei Waterloo schrieb er ängstlich an den
König: „Ich bitte nur allerunterthänigst, die Diplomatiker dahin anzu=
weisen, daß sie nicht wieder das verlieren, was der Soldat mit seinem Blut
errungen hat. Dieser Augenblick ist der einzige und letzte, um Deutschland
gegen Frankreich zu sichern. E. M. werden als Gründer von Deutschlands
Sicherheit verehrt werden, und auch wir werden die Früchte unserer An=
strengungen genießen, wenn wir nicht mehr nöthig haben, mit immer
gezücktem Schwerdte dazustehen."

Anfangs freilich waren die Aussichten auf einen glücklichen Erfolg
durchaus günstig. Oesterreich und Preußen, unterstützt von Bayern und
Würtemberg, hielten in dem Verlangen einer Restitution von Elsaß und
Lothringen gleichen Schritt. Russischerseits war ihr weder Alexander noch
Capodistria von vornherein grundsätzlich abgeneigt; und englischerseits
erkannte nicht nur der Premierminister Lord Liverpool, sondern auch
Wellington die politische und strategische Berechtigung der deutschen Forde=

rungen vollkommen an. Liverpool ſchrieb ſogar an Caſtlereagh nach Paris: „Es wäre unverzeihlich, wenn wir Frankreich verließen, ohne durch eine gute Grenze für den Schutz der anderen Länder geſorgt zu haben. Hier (in London) iſt der Gedanke vorherrſchend, daß wir ganz im Rechte wären, die Eroberungen Ludwigs XIV. zurückzunehmen. Man ſagt hier mit Recht, daß Frankreich die erfahrene Demüthigung (Waterloo) niemals verzeihen werde." Die Meinung, fügte er hinzu, gehe namentlich dahin, daß „man Preußen weſentlich ſtärken müſſe."

Mehr und mehr jedoch wurde während der Friedensverhandlungen die engliſche Politik durch die Schlauheit Talleyrand's, und die ruſſiſche überdies durch die Sentimentalität der Frau von Krüdener beeinflußt. Mehr und mehr erwuchſen Caſtlereagh und Wellington, Alexander und Capodiſtria, Neſſelrode und Pozzo di Borgo zu Gegnern der deutſchen Sicherheitsintereſſen, und damit eines dauerhaften Weltfriedens. Die Einreden, durch Talleyrand eingeflößt oder geſtachelt, gingen dahin: Man habe nur Bonaparte, nicht Ludwig XVIII. oder Frankreich, bekriegt; man müſſe ſich hüten, das Ehrgefühl der Franzoſen zu verletzen; man dürfe die Bourbons nicht noch verächtlicher machen als ſie es ſchon ſeien; man müſſe den Stolz des franzöſiſchen Volkes großmüthig ſchonen; man dürfe nicht durch eine Schmälerung des franzöſiſchen Gebietes das Gleichgewicht Europa's erſchüttern u. ſ. w. Wie nichtig auch alle dieſe Argumente und Vorwände waren, ſo nahm man doch mehr und mehr die Miene an, als ob man wirklich daran glaube und ihnen ein großes Gewicht beilege. Dazu kam; daß den deutſchen Forderungen die Concurrenz der verſchiedenen Projecte gefährlich wurde, die in Bezug auf die Verwendung von Elſaß und Lothringen auftauchten. Nach dem einen ſollten dieſe Provinzen an den öſterreichiſchen Erzherzog Karl, nach einem zweiten an den Kronprinzen von Würtemberg, nach einem dritten, ganz oder theilweiſe, an Bayern überlaſſen werden. Die Elſaſſer ihrerſeits, wie auch E. M. Arndt in ſeinen Wanderungen bezeugt, wollten nicht, daß man ſie zu einem Kleinſtaat degradire oder „mit einem kleinen Fürſtenthum zuſammenlöthe", und mochten überhaupt nur in dem Falle „wieder deutſch werden", wenn in Deutſchland „etwas Größeres geſchaffen" würde. Es liegt auf der Hand, daß viele Schwierigkeiten beſeitigt worden wären, hätte man nur einfach die Abtretung beider Provinzen „an den deutſchen Bund" verlangt, und die Verwendung derſelben den Diſpoſitionen der deutſchen Mächte vorbe= halten.

Unter dieſen Umſtänden ſtießen nun die Gegenſätze aufeinander.

Preußen vertrat dabei die deutschen Forderungen mit der weitaus größten Energie, obwohl es ausdrücklich die verlangten Abtretungen wesentlich „nicht für sich", sondern nur „zur Stärkung seiner Nachbarn" in Anspruch nahm, worunter auch die Niederlande zu verstehen waren. Zugleich kam man aber mehr und mehr deutscherseits überein, zumal mit Rücksicht auf die Empfindsamkeit Alexanders, bei der Frage der Abtretungen nicht sowohl den nationalen Gesichtspunkt, als vielmehr nur den strategischen zu betonen. Auch läßt sich nicht verkennen, daß selbst die Vertreter der deutschen Interessen, sei es aus falscher Großmuth gegen Frankreich oder aus falscher Nachgiebigkeit gegen den Widerstand der fremden Mächte, sich nur allzubald verleiten ließen, die Linien der deutschen Ansprüche immer knapper zu bemessen.

Es dürfte sich lohnen, aus der Fülle der interessanten Denkschriften und Correspondenzen jener Tage wenigstens Einiges hervorzuheben.*)

Interessant sind zunächst die Plänkeleien über die Fragen: Was müssen wir fordern? Was sagen die Franzosen dazu? Was werden die Diplomaten sagen? In Bezug auf die erste Frage schrieb der General von Carlowitz im Juli an Stein: „Soll der jetzige Krieg nicht abermals in seinen Zwecken verfehlt, ohne gründlichen Nachhalt bleiben, so muß das Selbstgefühl der Franzosen gedämpft, so müssen ihre Machtelemente geschwächt werden." Andererseits meldete ihm Gagern um dieselbe Zeit aus Paris über die Haltung der Franzosen: „Vom Abtreten wollen sie gar nichts wissen . . . Diese kitzlichen Herren schreien gewaltig und oft im bedrohlichen Tone. Als da ist: daß der König die Krone nicht mit Ehre tragen könne, daß sie am Ende in der Verzweiflung sämmtlich draufschlagen werden u. s. w." Was endlich von den Diplomaten zu erwarten sei, bekundete genugsam Capodistria, indem er gleichzeitig an Stein schrieb: „Ich fürchte, daß wir eine schlechte diplomatische Wirthschaft machen werden. Die Ursache ist ganz einfach — die Diplomaten sind nicht die beste Gattung Menschen." Das war der beste Beweis, daß ihm selber schon das Gewissen schlug. Denn eben damals büstelte er schon über die sogenannten „sittlichen" Garantien, d. h. namentlich über Mittel zur Verhinderung von Revolutionen in Frankreich, also über Bürgschaften von rein illusorischer Natur.

Solchen Illusionen trat denn auch selbst Metternich auf das Ent-

---

*) S. Pertz, Leben des Freiherrn vom Stein, Bd. IV. Vgl. Schaumann, Gesch. des zweiten Pariser Friedens, 1844. Dem Letztern blieb noch Manches, z. B. in Betreff Stein's (S. 154 f.), völlig unbekannt; seine Auffassungen sind vielfach rein combinatorisch, unbelegt und verfehlt.

schiedenste entgegen. Im Namen Oesterreichs legte er dar, daß nicht die Revolution, sondern die traditionelle Eroberungspolitik Frankreichs die Quelle aller internationalen Gefahren sei; daß man ihr gegenüber „Sicherheiten erlangen" müsse auf dem Wege von „Abtretungen", weil eine „wirkliche und dauernde Gewähr" von Frankreichs Seite nur „durch Verwandlung seiner Angriffsstellung in eine Vertheidigungsstellung" erreicht werden könne. „Alle seit Ludwig XIV. von allen französischen Regierungen unternommenen Kriege, erklärte er, liefern den Beweis, daß diese Macht mit unveränderlicher Beharrlichkeit auf Kosten ihrer Nachbarn ein Befestigungssystem eingerichtet hat; es wäre der Mächte, welche sich dem edlen Unternehmen widmen, die Ruhe Europa's auf starken und wahren Grundlagen herzustellen, nicht würdig, wenn sie sich über die unbestreitbare Thatsache täuschen wollten: daß dieses Angriffs- und Festungssystem weit weniger aus den Grundsätzen hervorgeht, welche die Revolutionskriege hervorgerufen haben, als es dem Grundsatz des französischen Königthums innewohnt." Des Weiteren führte er aus: wie namentlich die Stadt Straßburg „nichts als ein großes verschanztes Lager" sei, ein „Waffenplatz, wo sich an der äußersten Grenze immer Heere bilden und den Krieg gleich bei Eröffnung des Feldzuges in das Nachbarland tragen werden." Es sei bedenklich, bei den Franzosen die „Ueberzeugung" bestehen zu lassen, daß „die Kriege" immer nur auf dem Boden ihrer Nachbarn auszufechten seien, daß sie ihnen mithin „nichts als Menschen kosten und höchstens Geld", daß das „Eigenthum der Einzelnen nicht verwüstet werden könne und die Bürger nicht Gefahr laufen, den von der Anwesenheit feindlicher Heere unzertrennlichen Gefahren ausgesetzt zu sein." Die „Sicherheit" und „das dauernde Beste Europa's erheische daher, daß Frankreich seine Angriffspunkte verliere" und durch diesen Verlust sich bewußt werde, daß es „nicht ferner ungestraft seine Nachbarn angreifen und überziehen könne."

Charakteristisch war bei dieser Denkschrift Metternichs: erstens, daß sich Oesterreich dergestalt nur wieder einmal zu den allervortrefflichsten Auffassungen bekannte, um sie schließlich, wie wir so oft schon gesehen, durch plötzliche Fahnenflucht im Stich zu lassen oder Lügen zu strafen; zweitens aber, daß es sich schon jetzt eine kleine Hinterthür für die eventuelle Flucht offen hielt, durch die Erklärung: daß die französischen „Festungen der ersten Reihe entweder unter fremde Herrschaft gelangen und ins Künftige zur Vertheidigung der Nachbargrenzen dienen, oder wenigstens geschleift werden" müßten.

Die Vertreter Preußens, W. von Humboldt und Hardenberg, gaben einer derartigen Alternative keinen Raum. Humboldt führte aus: „Nichts sei so sonderbar als der Schluß, daß, weil Napoleon gefangen ist, der Krieg beendigt sei und die Verbündeten nichts weiter von Frankreich zu fordern hätten." Ohne allen Rückhalt erklärte er: „Eine andere Vertheilung der gegenseitigen Macht bleibt das einzige Mittel, Europa wirklich gegen neue Gefahren zu schützen." Namentlich müsse „Belgien mehrere wichtige Punkte gewinnen, Deutschland sich am Oberrhein ausdehnen; Preußen gewänne genug, wenn es seine Nachbarn so verstärkt sähe, daß es sich auf einige wenige Gegenstände zur Vervollständigung seines eigenen Vertheidigungsystems beschränken" könne. Uebrigens wies auch er darauf hin, daß „Frankreich nicht erst seit Napoleon oder seit der Revolution Versuche gemacht habe, Deutschland und Belgien zu überziehen. Es habe sie stets von Zeit zu Zeit erneuert, und die Plätze, die man ihm jetzt wegnähme, hätten ihm zu Stützpunkten seiner Kriegsunternehmungen gedient. Deutschland seinerseits sei ein wesentlich friedlicher Staat. Folglich könne Europa's Ruhe bei einer solchen Veränderung der Grenze nur gewinnen. Deutschlands Höfe müßten überdies einen besonderen Werth darauf legen, wenigstens einen Theil dessen wieder zu gewinnen, was ihnen ungerechter Weise entrissen worden."

Noch bestimmter lautete die „preußische Erklärung", welche Hardenberg am 4. August abgab. „Noch einmal Großmuth üben, wäre unverzeihliche Schwäche. Europa habe das Recht Sicherheiten zu fordern, weil Frankreich sich seines Vertrauens nicht werth gezeigt. Jede Macht habe förmliche Verpflichtungen gegen ihr Volk übernommen, ihm einen festen und dauerhaften Frieden zu geben. Wolle man aber einen solchen, so müsse Frankreich seinen Nachbarn die Vertheidigung zurückgeben, die es ihnen genommen hat, nämlich*) das Elsaß und die Festnungen der Niederlande, der Maas, der Mosel und der Saar. Dann erst werde Frankreich sich in seiner wahren Vertheidigungslinie finden; und dann allein werde Frankreich ruhig bleiben. Lasse man es nicht in diese Grenze zurücktreten, so werde es abermals versuchen, seine Grenze bis zum Rhein auszudehnen. Die Vorsehung habe diese Gelegenheit herbeigeführt, um einen dauerhaften und festen Frieden zu gründen. Lasse man sie entschlüpfen, so würden Ströme Blutes fließen, um dieses Ziel zu erreichen." Gemäß der beigefügten Karte sollte an Belgien der ganze lange Festungsgürtel von Dün-

---

*) Statt „nämlich" (im franz. Text c'est-à-dire), hat Pertz S. 523 sinnentstellenderweise „an Deutschland."

kirchen über Lille, Valenciennes und Mezieres bis Longwick abgetreten
werden; an Deutschland aber das nordöstliche Lothringen mit Dieben hofen
(Thionville), Metz, Saarlouis, Saargemünd und Bitsch, ferner
Landau und das ganze Elsaß, mit Belfort und Mömpelgarb; außer=
dem einige Forts und Districte theils an die Schweiz, theils an Sardinien,
welchem letzteren auch der bei Frankreich verbliebene Theil Savoyens wieder
zufallen sollte. In Rücksicht auf den lauernden Widerstand begnügte sich
also auch Preußen schon, nur nach strategischen Gesichtspunkten zu ver=
fahren und weder das ganze Herzogthum Lothringen noch die gesammten
lothringischen Bisthümer zurückzufordern.

Inzwischen waren auch schon die Generale von Boyen und Knesebeck
in das diplomatische Treffen eingetreten. Des Letzteren Denkschriften
sagten unumwunden: „Die Rückgabe der Eroberungen Frank=
reichs sei unerläßlich; Deutschland verlange sie mit lauter Stimme. Es
sei ein gefährlicher Irrthum zu glauben, man werde sich die Franzosen
durch Schonung und Großmuth geneigt machen. Man nehme daher wozu
man das Recht und die Pflicht hat. Bei einem Volke, wie die Franzosen,
seien sittliche Gewährleistungen nicht vorhanden."

Von besonderem Interesse war die Denkschrift des Kronprinzen von
Würtemberg; sie bewegte sich vielfach in populären Argumenten und in
derben Formen. „Jetzt, hieß es darin, sei der Augenblick gekommen, von
Frankreich Sicherheit für die zukünftige Ruhe zu verlangen. Es handle
sich dabei nicht um die Fürsten, sondern um die Völker; es frage sich, ob
sie gegen französische Einfälle geschützt werden sollen. Süddeutschland müsse
sein natürliches Vollwerk, die Vogesen, zurückerhalten; Elsaß sei kein Theil
des eigentlichen Frankreichs, sondern erobert, und könne daher mit Recht
wiedergenommen werden. Die Deutschen, die Jahrhunderte lang gegen
Frankreichs Ehrgeiz gerungen, hätten doch wohl hierbei die Hauptstimme.
Es wäre eine Beschimpfung der Völker, wenn sie nicht das Recht haben
sollten, endlich zu fordern, daß sie in den Stand gesetzt werden, sich selbst
zu vertheidigen. Die öffentliche Meinung in Deutschland fordert diese
Maßregel, und auf beiden Seiten des Rheins würde ein allgemeiner Schrei
des Unwillens sich erheben, wenn der einstimmige Wunsch der Bruder=
völker nicht erhört, und der Deutsche in Breisgau und Zweibrücken nochmals
verdammt würde, in dem Deutschen aus Mömpelgard oder Saarburg einen
Feind zu sehen.*) Den Schrei der Franzosen brauche man nicht zu hören."

---

*) Die Erwähnung des lothringischen Saarburg beweist, daß auch in diesem Schrift=
stück, wie notorischerweise so oft in der damaligen Zeit, Elsaß für gleichbedeutend mit

Die eigentlichen ober engeren Verhandlungen wurden nur zwischen den vier Großmächten geführt. Aber die kleineren deutschen Staaten, so wie die Niederlande, unterstützten die Schritte Oesterreichs und Preußens und schaarten sich namentlich um das letztere, weil es am entschiedensten auftrat. Wie der Kronprinz von Würtemberg, so legte auch der Kron= prinz von Bayern für die deutschen Forderungen eine Lanze ein. Und ebenso Graf Münster im Namen Hannovers. Unwillig erklärte der Letz= tere: Die Engländer dürften sich wahrlich nicht die Entscheidung anmaßen; denn in den Entscheidungsschlachten hätten die Hannoveraner mit den Braunschweigern die Hälfte des englischen Heeres gebildet; es sei „durchaus nothwendig, den Franzosen die eroberten deutschen Landschaften wieder ab= zunehmen."

Gagern, als Vertreter der Niederlande, reichte eine Note ein, die zu= gleich seine echt deutsche Gesinnung und seine eigenthümliche Individualität wiederspiegelte. „Wie!" rief er darin gewissen Einwürfen gegenüber aus, „Durch Gebietsabtretungen werde die französische Ehre verletzt? Die französische Ehre ist nichts anders, als die der übrigen Völker. Frankreich sei untheilbar? Landverlust gehört zu den Folgen des Besiegtseins. Es handle sich um das classische Land Frankreichs? Das heißt, um das Land ihrer Habgier und ihrer Eitelkeit, die Frucht ihrer Kriege, ihrer Siege und Listen. Die drei Bisthümer Metz, Toul und Verdun mit ihren Sprengeln wurden unter dem Schilde von Wohlwollen, Freundschaft und Schutz ge= nommen; die beiden Elsaß unter dem Vorwand einer Genugthuung u. s. w. In der Politik gebe es keine Verjährung; würden die Verträge gebrochen, breche der Krieg aus, so kommt man auf die Wahrheit zurück: was dir ge= recht oder zulässig gewesen ist, das wird es heute für uns sein. Zu sagen, man habe nur Bonaparte bekriegt, ist eine der abgeschmacktesten Be= hauptungen; wir werden es erst glauben, wenn man uns beweist, daß er allein zu Quatrebras, Ligny und Waterloo geschossen, gezielt und nieder= gesäbelt hat ... Der Besitz des Elsaß ist für die Franzosen nur eine Nah= rung des Stolzes, nur eine Versuchung und ein Antrieb mehr, die ganze Rheingrenze zu nehmen. Aehnliche Gelüste würden nicht ausbleiben. Besser also, ihnen jeden Vorwand nehmen, jede Berührung mit den Ufern des Rheins, die seit Tausenden von Jahren unser altes Erbtheil sind. Soll man, um die Liebe, die Dankbarkeit der Franzosen zu gewinnen, was nie

Elsaß-Lothringen gebraucht ist, insofern „beide Gebiete als unzertrennlich" gedacht wurden. S. Schaumann a. a. O. S. 124. Vgl. unten die Aeußerung Alexanders zu Stein.

geschehen wird, ganz Deutschland unzufrieden machen, empören? Von einem Ende zum andern wird Ein Schrei der Entrüstung erschallen. Die deutschen Herrscher Franz und Friedrich Wilhelm werden nicht mit ganzer Ehre, Zuruf und Ruhm in ihre Hauptstädte einziehen, sie werden vielleicht ihre Zukunft getrübt haben ... Bignon's Behauptung, daß selbst nach den Opfern des Pariser Friedens (von 1814) Frankreich der mächtigste Staat sei, wird auch dann noch wahr bleiben, wenn Elsaß, Lothringen und Flandern abgetreten sind. Die Aussicht auf Gewinn und Verlust müsse für beide Theile gleich sein; Alles auf der einen Seite, nichts auf der andern, sei eine Abgeschmacktheit."

Sehr beachtenswerth ist, daß selbst Wellington in seinem Schreiben vom 11. August nach wie vor die Meinung vertrat: „Der Pariser Vertrag (von 1814) habe Frankreich zu stark gelassen gegen das übrige Europa, zu stark gegen seine Nachbarn." Ja, er setzte hinzu: „diese Meinung sei seiner Seele so stark, wenn nicht stärker eingeprägt als der Seele irgend Eines" der Betheiligten. Aber nichts desto weniger verschanzte er sich, in seinem Widerstande gegen die Forderungen Oesterreichs und Preußens, hinter der seltsamen Behauptung: „es stehe jetzt nicht in der Macht der Verbündeten, eine solche Aenderung in den Verhältnissen Frankreichs zu anderen Mächten durchzuführen, die von wesentlichem Nutzen sein möchte."

Am 14. August traf Stein in Paris ein. Gleich in seiner ersten Unterredung mit Kaiser Alexander beklagte sich dieser: „Der Kronprinz von Würtemberg treibe seine Ansprüche auf Verkürzung Frankreichs zu weit, wolle Elsaß, Lothringen und einen Theil Flanderns davon getrennt wissen; Preußen beharre ebenfalls auf Bildung einer kriegerischen Grenze; Oesterreich sei gleicher Meinung, jedoch nachgiebiger." Stein stand nicht an zu erwidern, daß er eine aggressive Ausdehnung der Kriegsgrenze gegen Frankreich nicht billige, daß aber „eine Vertheidigungsgrenze nothwendig sei", und zwar „eine Linie von der Ober-Maas, an der Saar und in den Vogesen"; die Sicherheit Belgiens und des Oberrheins erfordere sie, und es sei „Pflicht der Bundesgenossen, die Niederlande und Deutschland gegen Angriffe sicher zu stellen"; die Bourbonen wären „keine Bürgschaft", denn leicht könnte „nach Abzug der Heere der Bürgerkrieg" ausbrechen.

Capodistria bewegte sich, Stein gegenüber, in ähnlichen Wendungen und Windungen, wie sie Wellington und Castlereagh zu gebrauchen pflegten. Es sei zu beklagen, meinte er, daß man die Einnahme von Paris und die Wiedereinsetzung des Königs „so sehr beschleunigt" habe; ohnedies hätte man die „Abgeordneten der französischen Kammern zur Einwilligung in Abtretungen nöthigen" können; jetzt aber würden „neue Abtretungen" die Bourbons nur „noch verächtlicher", und „neue Revolutionen" unausbleiblich machen.

So fand Stein das Verhandlungsterrain schon von Grillen und Launen, von Umtrieben und Tücken beherrscht. Dieser Lage gab Gneisenau in einem Briefe an Arndt einen schneidigen Ausdruck. Eingedenk der Utrechter Friedensverhandlungen (1713—15), die schließlich den Franzosen all' ihren Raub gelassen hatten, rief er aus: „Wir sind in Gefahr einen neuen Utrechter Frieden zu schließen! England ist in unbegreiflich schlechten Gesinnungen, und mit seinem Willen soll Frankreich kein Leid geschehen. Nicht Land, höchstens etwas Contribution soll man von ihm nehmen. Rußland gedenkt sich an Frankreich einen immer bereiten Bundesgenossen zu erhalten. Preußen führt eine würdige Sprache. Es verzichtet auf eigene Eroberungen und will nur, daß seine Nachbarn stark werden auf Kosten Frankreichs, damit diesem Feuerheerd ein Damm gesetzt werde. Stets wird dieses unruhige Volk mit seinem Impuls zur Umkehrung, mit seinen Erinnerungen, mit seiner Nachgier, mit seiner Habsucht, auf seine Nachbarn sich ergießen — und diese will man nicht sichern? Oesterreich ist schwankend, unzuverlässig, auf Verbindungen mit Frankreich sinnend. Bayern und Würtemberg schließen sich an uns an ... Wie viel Heilsames ließe sich nicht machen, wenn nicht so viel Verkehrtes in der Diplomatie wäre!"

Dennoch ließ sich Stein die Mühe nicht verdrießen und legte am 18. August dem Kaiser Alexander ein schriftliches Gutachten vor, in welchem er augenfällig, um des Gelingens halber, nur allzusehr von seiner ursprünglichen Losung abging, aber immer noch für Deutschland eine Linie von Thionville (Diedenhofen) bis Straßburg in Anspruch nahm. „Alle Meinungen — davon ging er aus — stimmen darin überein, daß der Pariser Friede (von 1814) Frankreich in einem Zustande der Kriegsmacht gelassen hat, die für die Ruhe Europas gefährlich ist; und der Herzog von Wellington versichert, davon mehr überzeugt zu sein, als selbst die österreichischen und preußischen Minister. Oesterreich und Preußen verlangen dauernde Abtretungen gewisser Grenzfestungen, damit Frankreich seine Angriffsstellung verliere. In der That sei niemals in den Verhandlungen zu Wien förmlich die Erhaltung der Gebietsganzheit Frankreichs ausgesprochen worden. Auch könne die Herstellung der Bourbons nicht als das

Ende der Revolution betrachtet werden. Und wie könne man sagen, daß das französische Volk, das durch die Theilnahmlosigkeit der Guten und durch die Verderbtheit der Schlechten die Ruhe Europas gestört hat, ein Recht habe seine Unverletztheit zu verlangen, die selbst nach dem Geständniß des englischen Cabinets den Interessen der Völker zuwider ist? Die gegenwärtige Grenze Frankreichs gefährde die Sicherheit seiner Nachbarn durch die Angriffsstellung, die zum Angriff einladet, durch den systematischen Ehrgeiz des französischen Cabinets und die ungestüme Eitelkeit des Volkes, die nicht aufhören werden, die Eroberung Belgiens und des linken Rheinufers zu verlangen. Mit Recht aber begehren die Völker, daß man Einbruchskriegen zuvorkomme, daß man aufhöre ihr Blut zu vergießen und ihr Eigenthum aufzuopfern. Diese verderblichen Folgen lassen sich nur dadurch vermeiden, daß man die Grenze verändert, den Nachbarn die unerläßlichen Vertheidigungspunkte giebt, und Frankreich die Angriffspunkte nimmt. Die Vertheidigung der oberen Maas erfordert die Abtretung der Festungen Maubeuge, Givet, Philippeville an Belgien; die Abtretung einer Linie von Thionville, Saarlouis auf Straßburg würde den Oberrhein vertheidigen — man könnte sich selbst über die Schleifung mehrerer der in dieser Linie liegenden zahlreichen Plätze verständigen. In den Versammlungen zu Gertruidenburg habe schon Ludwig XIV. Lille und Straßburg abtreten wollen. Rußland und England möchten nicht glauben, daß es ihr Vortheil sei, Deutschland beständig in einem Zustande von Anregung und Leiden zu belassen."

Diese letzten Worte kennzeichnen die Lage; Stein gab ihr schon am andern Tage einen noch energischeren Ausdruck, indem er zu Gagern sagte: „Es ist klar, die Russen wollen, daß wir verwundbar bleiben." Es galt dies aber gleicherweise von der englischen Diplomatie.

Vergeblich waren daher auch die Anstrengungen des Grafen Münster. In einem Berichte vom 15. August an den Prinz-Regenten von England griff er schonungslos das Verhalten von Castlereagh und Wellington an, und forderte bündig eine bessere Grenze für Deutschland. „Die Pyrenäen, sagte er, die Alpen und das Meer setzen dem Ehrgeiz Frankreichs Schranken: warum sollten der Jura, die Vogesen und die Ardennen nicht dieselbe Sicherheit gewähren?" Daß Oesterreich schon entschieden zu den Gegnern Deutschlands hinüberneigte, geht aus der Bemerkung Münsters hervor: „Wenn England, Rußland und Oesterreich sich in der Lage befänden, von Frankreich Grenzprovinzen, die es ihnen entrissen, zurückzufordern, so

würden sie schwerlich sich bedenken, es zu thun." Eben diese Haltung Öster=
reichs und die daraus hervorgehende Schwächung der deutschen Position
erklärt auch den beträchtlichen Rückzug, auf dem die deutschen Forderungen
sowohl in dem Gutachten Steins wie in dem Berichte Münsters begriffen
erscheinen. Denn auch dieser, obwohl er grundsätzlich die „Zurückgabe der
natürlichen Grenzen Deutschlands" forderte, wollte doch thatsächlich damit
vorlieb nehmen, daß man sich „wenigstens der Angriffsfestungen wie
Straßburgs entlebige."

Die Engländer, Castlereagh und Wellington, blieben taub gegen
Münsters Bericht wie gegen die öffentliche Meinung ihrer eigenen Heimath,
die eine gründliche „Züchtigung Frankreichs" begehrte und mit der Rück=
gabe der früher belgischen und deutschen Grenzländer einverstanden war.
Die Franzosen ihrerseits hetzten gegen die Preußen, drängten zum Abschluß,
drohten mit Attentaten. Die Russen aber, von Allen umschmeichelt, hielten
sich für die alleinigen Schiedsrichter; und Frau von Krüdener flößte mehr
und mehr dem Kaiser Alexander die Ueberzeugung ein, daß er „von Gott
berufen sei, Frankreich gegenüber nur von Gnade zu wissen, es zu retten,
zu erhalten."

Dennoch schwankte die Waage, und dennoch war für Deutschland eine
schließliche diplomatische Niederlage nicht zu fürchten, falls Oesterreich mit
Preußen zusammen hielt. Aber bereits mit dem Ende des August fiel
Oesterreich vollständig von den deutschen Interessen ab. Die Denkschrift
Castlereaghs vom 2. September sprach daher nur noch von „preußischen"
Forderungen, denen England im Einverständniß mit Rußland entgegen=
trete; denn sie würden nur zu einem „neuen Kriege" führen, ein Unter=
nehmen, das „wenigstens die englische Regierung geradezu ablehnen müsse."
Vergeblich machte an demselben Tage Preußens König, Friedrich Wilhelm,
persönlich einen letzten Versuch, den Kaiser Alexander umzustimmen. Die
Unterredung war eine lange und lebhafte. Aber Alexander gab nicht nach;
er blieb bei der Meinung stehen: „jede Abtretung sei dem Ansehen und der
Erhaltung Ludwigs XVIII. nachtheilig." Und Capodistria erklärte jetzt
unverholen, daß es „Rußlands Vortheil sei, Frankreich stark zu lassen."
Stein, in seinem gerechten Unwillen, ließ über ihn, Pozzo und Nesselrode
die härtesten Klagen laut werden.

Da erklärte sich nun Oesterreich offen und definitiv für das „Nach=
geben." So von Allen verlassen, hatte Preußen nur die Wahl, entweder
allein gegen die anderen vier Großmächte Front zu machen und einen
neuen unberechenbaren Krieg auf sich zu nehmen, oder „seine eigene

Ueberzeugung den Wünschen seiner Bundesgenossen unterzuordnen."*) Und, gegen Alle nicht stark genug, mußte es nothgedrungen sich fügen.

In dem Tone tiefster Erregung, und noch einmal alle gegnerischen Scheingründe energisch widerlegend, erklärte am 8. September Hardenberg, unter Protest, Preußens Unterwerfung. „Zum zweitenmale, hieß es in dieser Erklärung, sollen wir durch unzeitige Großmuth alle Früchte unserer Siege und unserer Anstrengungen verlieren? Diejenigen Lande, denen die meiste Gefahr droht, wie Deutschland, Preußen und die Niederlande, haben ein Recht gegen ein solches unzeitiges System der Mäßigung zu protestiren. Denn ohne Zweifel würden wir das Recht haben, von Frankreich einzelne Provinzen zu fordern, wie es alle Staaten, und auch letzteres, stets ausgeübt haben nach einem glücklichen Kriege. Jedenfalls wird Preußen darin einen Trost finden, in einer so wichtigen Angelegen= heit seine Meinung ohne Rückhalt ausgesprochen zu haben, und man wird ihm wegen der Uebel keine Verantwortlichkeit aufbürden, welche Folge der Maßregeln sein können, die man im Begriff ist zu nehmen." Daran knüpfte sich eine Art von Ultimatum, d. h. „Ausgleichsvorschläge", die das äußerste Minimum der von Frankreich zu fordernden kleineren Gebietsabtretungen bezeichneten, und von denen Hardenberg selbst bemerkte: „Der König von Sardinien erhält dabei das beste Loos, dann Oesterreich, dann Preußen, die Niederlande u. s. w." Hiernach sollte Frankreich genau soviel abtreten, als es 1814 im Ver= hältniß zu 1790 zu viel behalten habe; Landau, Fort Louis, Bitsch, Hagenau und Weißenburg sollten Oesterreich zur Verfügung gestellt wer= den; Saarlouis an Preußen kommen (zugleich mit dem Besatzungsrecht in der niederländischen Festung Luxemburg); die Niederlande mindestens Givet, Charlemont und Philippeville erhalten; Hüningen an die Schweiz, Gex an Genf übergehen, und das französische Savoyen nebst Monaco an Sardinien zurückfallen. Die Kriegskostenentschädigung wurde auf 1200 Millionen angesetzt.

Diese überbescheidenen Vorschläge wurden selbstverständlich von den drei anderen Mächten gern als Grundlage der weiteren Vereinbarung angenommen. Jede Aussicht auf einen Frieden, der den Völkern gerecht werde, war geschwunden. Betrübt und unwillig reiste Stein am 10. Sep= tember von Paris ab, in der vollen Gewißheit, daß „keine Hoffnung mehr

---

*) S. Pertz a. a. O. S. 571.

vorhanden sei, das zu erlangen, was Deutschlands Ehre und Sicherheit
fordere."

Und damit waren denn auch die felsenfesten Hoffnungen in Dunst zer=
ronnen, welche die deutschen Patrioten, die journalistische Presse und die
Flugschriftenliteratur jener Tage auf den Wiedererwerb von Elsaß und
Lothringen gesetzt hatten. Eine dieser Flugschriften führte den Titel:
„Ist Frankreich weniger furchtbar ohne Napoleon"; eine an=
dere: „Was sollen wir Deutsche fordern? Aufruf an Die in
Paris"; die umfänglichste war betitelt: „Ueber das Interesse der
Staaten von Süddeutschland in Bezug auf die Garantien,
welche Frankreich anzusinnen sind." Auf diese Literatur der Hoff=
nung folgte alsbald die der Enttäuschung und des Zornes.*)

Auch bei den weiteren Vereinbarungen in Paris wandte sich Alles
mehr und mehr zu Gunsten von Frankreich und zum Nachtheil von Deutsch=
land. Trotz jener äußersten Vorschläge Hardenbergs, war das Resultat des
zweiten Pariser Friedens vom 20. November, daß Frankreich im Verhält=
niß zu seinem Besitzstand von 1790, auf den es zurückgeführt werden sollte,
doch noch 168 Quadratmeilen mit einer halben Million Einwohnern ge=
wann, und daß die Entschädigungssumme fast auf die Hälfte, auf 700 Mill.
Francs herabgesetzt ward. Deutschland dagegen erhielt, wie zur Verhöh=
nung seiner ungeheueren Anstrengungen, von dem französischen Raube
nichts weiter als Saarlouis für Preußen und Landau für Bayern zurück.

Die „Großmuth" hatte wahrlich sich selbst übertroffen. England und
Rußland übten sie aus Berechnung; Oesterreich, im günstigsten Fall, aus
Theilnahmlosigkeit; nur für Deutschland war sie eine opfer= und ent=
sagungsreiche; für ganz Europa aber eine Aussaat unberechenbarer
Gefahren.

---

*) Vgl. Schaumann a. a. O. S. 147 f.

Nachwort vom Jahre 1859.*)

~~~~~~

Und was war seitdem der Dank? Daß die Politik Frankreichs, statt an dem dreihundertjährigen Raube auf Kosten Deutschlands endlich ein Genüge zu finden, vielmehr in ungezähmter Ländergier nach wie vor auf der Lauer und auf dem Sprunge steht, um — der deutschen Resignation zum Trotz und Hohne — dem alten Phantom der „natürlichen Grenzen" nachzujagen, und des „linken Rheinufers" in seiner ganzen Ausdehnung sich zu bemächtigen.

Was aber haben in neuester Zeit die Lehren der Geschichte gefruchtet?

Ungewarnt durch den unheilvollen und kostspieligen Despotismus des ersten Kaiserreiches, hat die französische Nation die Begründung eines zweiten, als Conterfey des ersten, sich gefallen lassen.

Ungewarnt durch den tragischen Ausgang der übermüthigen Kriegsspiele des ersten Napoleon, hat der zweite, der sich den dritten nennt, die blutgetränkten Irrpfade des ersten wiederum betreten.

Ungewarnt durch die traurigen Erfahrungen isolirter Kämpfe in der ersten napoleonischen Periode, hat Europa rathlos den gleichartigen Kreislauf einer zweiten sich entspinnen lassen, die — nachdem sie in weiter Spannung erst Rußland in der Krim und dann Oesterreich in Italien gedemüthigt — nunmehr vielleicht ihre Fallstricke um England oder um Deutschland zusammenziehen wird.

Und was werden die Lehren der Geschichte für die Zukunft fruchten?

Wird Deutschland, wenn es erkennen muß, daß es — mittelbar oder unmittelbar — in seiner Integrität fort und fort bedroht ist, dennoch immer und immer wieder der nationalen Einigkeit des Wollens und der

*) Wir lassen auch dieses Nachwort völlig unverändert in der Form, die es vor 11 Jahren trug.

dictatorischen Einheit der That ermangeln, ohne die keine Festigkeit in den Dingen und kein Erfolg im Handeln möglich ist?

Und wird Deutschland ferner, wenn es doch am Ende erkennen muß, daß seine Entsagungen nur immer neue und größere Gelüste in den Nach=barn erwecken, sich immer und immer wieder bereit zeigen, auch unter Er=folgen Entsagung zu üben?

Oder wird Deutschland gar, trotzdem daß es erkennen muß, was zu thun und was zu unterlassen ist, über dem Hange zu innerem Haber neuerdings die „Gefahren und Folgen deutscher Zerrissenheit", eine Periode der Schmach heraufbeschwören und aus dem schon genugsam ver=stümmelten Kranze seiner Provinzen neuerdings die schönsten Perlen ohne Kampf um Sein und Nichtsein sich rauben lassen?

Das sind die Fragen, die die Zukunft an die deutschen Fürsten und Völker stellt. *)

------

*) Diese Fragen, fügen wir jetzt hinzu, sind nunmehr theils glücklich gelöst, theils ihrer Lösung entgegengeführt.

Leipzig, Druck von Giesecke & Devrient.